日帰り
山あるき
東海

御嶽山
木曽
上松
木曽駒ヶ岳
伊那IC
伊那
北杜
白草山 ㉕
王滝
駒ヶ根IC
空木岳 ▲
駒ヶ根
仙丈ヶ岳 ▲
北岳 ▲
韮崎
大桑
松川IC
松川
南木曽
㊺ 南木曽岳
山梨
中津川
飯田IC
飯田
恵那IC
中津川IC
飯田山本IC
長野
赤石岳 ▲
自動車道
恵那
中津川
㉖ 恵那山
大川入山 ㊻
光岳
平谷
阿南
売木
天龍
根羽
新清水IC
茶臼山 ⑥
萩太郎山
豊根
浜石岳 ㊷
⑦ 天狗棚
⑧ 日本ヶ塚山
竜爪山
設楽
岩古谷山 ⑨
東栄
新静岡IC
養生山
川根本町
宇連山 ⑪
⑩ 三ツ瀬明神山
飯田線
新静岡IC
愛知
鳳来寺山 ⑫
鳳来峡IC
静岡
豊橋
新城IC
三遠南信自動車道
静岡IC
本宮山 ⑱
新城
焼津IC
藤枝
焼津
駿河湾
豊川IC
新東名高速道路
島田金谷IC
豊橋
島田
東海道本線
豊川
三ヶ日IC
天竜浜名湖鉄道
掛川
菊川
牧之原
㊹ 湖西連峰
浜松西IC
浜松IC
袋井
掛川IC
東名高速道路
浜名湖
豊橋毛湿原・自然歩道
湖西
磐田
豊橋
⑭
浜松
東海道新幹線
御前崎
御前崎

大人の遠足
BooK

N

日帰り山あるき東海
索引図

0　　　　　　20km

# CONTENTS

索引図……………………… 2

本書の使い方……………… 6

グラフ 山あるきのお楽しみ………… 8

[表紙写真]
大きな写真から時計回りに：大川入山
山頂直下の草原帯を歩く／岩古谷山
の岩場帯を登る／鳩吹山から見た、可
児市内を流れる木曽川／鳩吹山山麓に
咲くカタクリ

## 愛知県

1　尾張三山……………………… 14

2　継鹿尾山・鳩吹山…………… 18

3　春日井二山…………………… 22

4　猿投山………………………… 26

5　黍生山………………………… 30

6　茶臼山・萩太郎山…………… 34

7　天狗棚………………………… 38

8　日本ヶ塚山…………………… 42

9　岩古谷山……………………… 46

10　三ッ瀬明神山……………… 50

11　宇連山……………………… 54

12　鳳来寺山…………………… 58

13　宮路山・五井山…………… 62

14　葦毛湿原・豊橋自然歩道…… 66

15　大山………………………… 70

16　富士ヶ峰…………………… 74

### ▲ この山もおすすめ ①

17　八曽山……………………… 78

18　本宮山……………………… 78

19　岩巣山……………………… 78

## 岐阜県

20　八木三山…………………… 80

21　三周ヶ岳…………………… 84

22　冠山………………………… 88

23　能郷白山…………………… 92

24　高賀山……………………… 96

25　白草山……………………… 100

26　恵那山……………………… 104

### ▲ この山もおすすめ ②

27　各務原アルプス…………… 108

28　金華山……………………… 108

29　養老山……………………… 108

30　曽良山……………………… 108

上段左から時計回りに：富士ヶ峰山麓からの伊勢湾と紀伊半島／夏の岩古谷山で／萩太郎山の名物、シバザクラ／天狗棚山上部のブナ林／大川入山の笹原を登る／大川入山で見かけたマイヅルソウの実

## 三重県

31 多度山 …………………… 110
32 藤原岳 …………………… 114
33 竜ヶ岳 …………………… 118
34 釈迦ヶ岳 ………………… 122
35 御在所岳 ………………… 126
36 鎌ヶ岳 …………………… 130
37 入道ヶ岳 ………………… 134
38 仙ヶ岳 …………………… 138
39 赤目四十八滝 …………… 142

🔺 この山もおすすめ ③

40 倶留尊山 ………………… 146
41 大洞山 …………………… 146

## 静岡県・長野県・滋賀県

42 浜石岳 …………………… 148
43 竜爪山 …………………… 152
44 湖西連峰 ………………… 156
45 南木曽岳 ………………… 160
46 大川入山 ………………… 164
47 伊吹山 …………………… 168
48 霊仙山 …………………… 172
49 御池岳 …………………… 176
50 雨乞岳 …………………… 180

マイカー活用術 …………… 184
山歩きのマナー …………… 186
山名索引INDEX …………… 188
装備チェックリスト ……… 190
登山計画書 ………………… 191

日帰り山あるき東海

# 本書の使い方

この本は、東海地方の山々のなかから、日帰りで楽しむことができる41コース＋9山を収録したものです。初級者レベルで無理なく登れるコースも多い反面、岩場や不明瞭な箇所のあるコースも含まれています。中級コースはもちろん、初級コースにも部分的に困難な箇所が含まれていることがありますので、登山レベルやコースガイド、地図をしっかりとご確認いただき、無理のない計画でお出かけください。

# コースガイド

## 標高

紹介する山の最高点標高値（三角点のある場所ではなく、その山の最高点、またはコース上の最高点）を表記しました。

## 歩行時間

歩き始め（地図上の❶）から山頂やピークを経て、バス停、駅、駐車場などに下山するまでの総歩行時間です。地図内の赤いコース線上にあるポイント間の歩行タイムの合計を記しています。休憩や昼食などの時間は含まれていません。計画の際はそれらの時間のプラスアルファを考慮してください。

## 総歩行距離

歩き始め（地図上の❶）から頂上を経て、バス停や駅、駐車場などに下山するまでの歩行距離の合計です。地形図をもとにコースの斜面に沿って算出してありますが、実際の歩行距離とは若干の差があります。

## 標高差

本書では、単純標高差（登山コースの最高地点の標高から最低地点の標高を引いたもの）ではなく累積標高差を表記しました。累積標高差とは、コース中の登り下りの標高差をすべて合算したもので、たとえばコース途中でいったん下りがある場合も、その標高差はプラスとして計算されます。この累積標高差が1000mを超える場合は、それなりに体力が要求されるコースであることを意識して臨んでください。

※参考：標高差300mを登るのに約1時間が目安となります。

## 登山レベル

コースの難易度を総合的に示したものです。

**入門** 歩行時間が短く、よく整備されたハイキングコース。山歩きが初めての方や子ども連れ（小学生以上）でも歩けるコースです。

**初級** 歩行時間が増え、通過困難・迷いやすい箇所は少ないものの、一部に岩場や鎖場、ロープ場、ハシゴ、急な登り下りのあるコース。ある程度の登山経験が必要となります。

**中級** 体力、技術とも高いレベルを要求されるコース。歩行時間や標高差は初級と同等であっても、多くのピーク通過で体力の消耗が激しいコース、エスケープルートがなく天候急変時の対応が難しいコース、難しい岩場や岩稜のあるコース、迷いやすい場所があるコースなどは中級レベルとなります。初級者が歩く場合は、中級者の同行が必要です。

**【体力度】**※歩行時間や標高差を基準にしています。

★…………総歩行時間が4時間未満で、標高差は400m未満。

★★………総歩行時間が4〜6時間程度で、標高差は400〜800m程度。

★★★……総歩行時間が6時間以上で、標高差は800m以上。

**【技術度】**

★…………道標の完備した難所のない登山道や遊歩道。

★★………小規模な岩場や鎖場、ガレ場などがあるコース。

★★★……通過にやや危険を伴う岩場などがあるコース。

※コースガイドに示される★の数は取材者が実際に歩いての判断に基づいています。上記の指標と異なる場合もあることをご了承ください。

## 問合せ先

当該コースの観光情報を得ることのできる市町村役場や観光協会、アクセスに利用する交通機関などの電話番号です。登山道の詳細については把握していない場合があります。

## アクセス・ヒント

**アクセス** 公共交通機関、マイカーそれぞれの経路を紹介しました。奥三河や岐阜・福井県境の山々など路線バスがないケースではタクシーでのアクセスを紹介しましたが、費用・時間ともかかるため、マイカーの利用をおすすめします。

**ヒント** アクセスに関するアドバイスを掲載しています。

## チャート・高低図

**【チャート】**コース中のおもな通過点とコースタイムを掲載しています。数字と通過点の名称は本文ガイド、地図に記載されたものと一致しています。

**【高低図】**コース全体のおおよその距離と標高、傾斜を表した図です。ただし、標高（縦軸）と距離（横軸）の比率が異なるため、傾斜については実際の傾斜とは一致していません。また、頂上以外の標高には若干の誤差がありますので、あくまでも登り下りの目安としてください。

## コラム・欄外情報

**【コラム】**コースガイドにはコラム欄を設け、立ち寄り温泉やビジターセンター、資料館、サブコースなどを紹介しています。

**【欄外情報】**本文やコラムで紹介しきれなかった情報です。

# 地図の見方

## 地図

本書に掲載されている地図は国土地理院発行の地形図をもとに制作されています（承認番号は巻末に掲載）。

❶登山の際は、本書のコピーに加えて国土地理院発行の2万5000分の1地形図の携行をおすすめします。

❷地図上のコースや山小屋などの施設は、自然災害などの影響で本書の発行後に変更、閉鎖されること等がありますので、事前に最新情報をご確認ください。

❸地図上にある花の掲載位置はおおよそのエリアを示すもので、花の咲く場所を正確に示したものではありません。

❹地図上のコースタイムは取材者が実際に歩き、無理なく歩けるペースを考慮して記載したものです。歩行時間には個人差があり、また、ザックの重量、人数、天候などによっても異なってきますので、余裕あるスケジュールを組んでください。

# 地図記号の凡例

| | | |
|---|---|---|
| その章の本文で紹介している登山コース | 1945 三角点 | 道の駅 |
| 登山コースのポイント（山マークは山頂） | 1945 標高点 | 碑 |
| ←0:30 登山コースポイント間のコースタイム | 有人山小屋 | 学校 |
| その章でサブコースとして紹介している登山コース | 無人小屋 | 警察署・交番 |
| その章で紹介していない主な登山コース・エスケープコース | ホテル・旅館 | 郵便局 |
| その他の登山道 | 水場 | 市役所 |
| 有料道路 | トイレ | 町村役場 |
| 国道 | 登山コース中の要注意箇所 | 寺院 |
| 県界 | 花 | 神社 |
| 市町村界 | 登山ポスト | ゴルフ場 |
| 鉄道（JR） | 駐車場 | 発電所・変電所 |
| 鉄道（私鉄） | バス停 | 温泉 |
| ケーブルカー | キャンプ指定地・キャンプ場 | 史跡・名勝 |
| ロープウェイ・ゴンドラ | | |
| リフト | | |

●本書のデータは2020年4月現在のものです。アクセスに利用するバスの運賃や、コラムで紹介の施設の利用料、営業期間・時間、定休日などは変更となる場合もあります。事前に最新情報をご確認ください。

●各コースの標高差とコース距離の算出および、高低図の作成にあたっては、DAN杉本さん制作のソフト『カシミール3D』を利用させていただきました。

# 山あるきのお楽しみ

東海の山は個性的だ。低山の頂から雄大なアルプスを望めるかと思えば、
海との距離も近く、山麓には観光名所が点在する。
東海地方固有の花や照葉樹の森など、自然もたっぷりだ。

多度山からの木曽三川。手前から揖斐川、長良川、木曽川。→P110

**みどころポイント**
濃尾平野特有の輪中（堤防やその中の集落）を見渡せるのが多度山

**山あるきのハイライト**

山頂からの絶景と
コース途中で
見られる自然

萩太郎山山頂付近の芝桜の丘。リフトで登れる。花期は5月。→P34

揖斐川から見た多度山（養老山地）のなだらかな山稜。→P110

伊吹山山頂部の花咲く周遊路。お花畑の最盛期は7・8月。→P168

**みどころポイント**
伊吹山は花の楽園。車を使えば手軽なハイキングが楽しめる

天狗棚山頂付近のブナの大木。4・5月の新緑期がおすすめ。→P38

**みどころポイント**
東海エリアの山々から間近に望める高峰の連なりが南アルプス

大川入山からの南アルプス。左から仙丈ヶ岳、北岳、間ノ岳。→P164

赤目四十八滝の荷担滝。沢沿いの道は夏でも涼風が吹き渡る。→P142

白草山から振り返った箱岩山。高原状のササ原の道が続く。→P100

シダに覆われた杉林という独特の景観を見せる大山の登山道。→P70

カレンフェルト（浸食石灰岩）の多い霊仙山。正面は伊吹山。→P172

**みどころポイント**
東海地方でのカルスト地形は伊吹山、藤原岳でも見られる

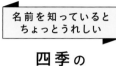
名前を知っていると
ちょっとうれしい

# 四季の
# 花案内

### シバザクラ
桜のように花びらの先端に切れ込みをもつ。ハナツメクサとも呼ばれ、ピンクや白の花を地面を這うように咲かせる。
花期5月
→ P34

### カタクリ
全国の山野に咲く多年草。春に花を咲かせて夏まで葉を残し、あとは地下で過ごすスプリング・エフェメラルの一つ。
花期3〜4月
→ P18

### アカヤシオ
福島以西の本州、四国、九州の山地で見られる落葉低木。岩場帯に多く、北関東では「ひとつばな」とも呼ばれる。
花期4〜5月
→ P42

### アズマシャクナゲ
東北、関東、中部の山地帯や亜高山帯に生える常緑低木で日本固有種。初夏に濃淡さまざまのピンクの花を咲かせる。
花期5〜6月
→ P50

### イブキジャコウソウ
北海道から九州にかけての低地〜高山帯まで広く分布する。伊吹山に多いことから名付けられ、花には芳香がある。
花期6〜8月
→ P168

### ササユリ
中部地方以西から四国、九州に分布する日本固有種。淡いピンクの可憐な花を咲かせるが、関東では見られない。
花期5〜7月
→ P148

### キツネノカミソリ
本州、四国、九州の明るい林床に自生し、夏にいったん葉を落としたのち、お盆前後に花を咲かせる。有毒植物。
花期7〜9月
 → P152

### ニッコウキスゲ
中部地方以北（以東）の本州、北海道の草原に咲く多年草。別名ゼンテイカ。朝に咲いて夕にしぼむ一日花。
花期5〜8月
→ P88

### フクジュソウ
北海道から九州の低地〜山地に自生する。別名はガンジツソウで、スプリング・エフェメラルの一つ。有毒。
花期2〜3月
→ P114

### サラサドウダン
北海道南西部から本州、四国の一部に自生する（諸説あり）。その姿からフウリンツツジとも呼ばれる日本固有種。
花期5〜7月
→ P104

### コバイケイソウ
東日本の亜高山帯・高山帯に生える大型の多年草で、当たり年には大きな群落をつくる。有毒なので誤食に注意。
花期6〜8月
 → P92

### アマナ
東北南部から九州にかけての低地〜山地に自生するスプリング・エフェメラル。球根は食用として知られる。
花期3〜5月
→ P172

### シデコブシ
モクレンの仲間で日本固有種。愛知、岐阜、三重の三県のみに自生し、大山山麓の自生地は国の天然記念物。
花期3月下旬
 → P70

### アケボノソウ
北海道〜九州の山地の湿り気ある山林で見られる2年草。花びらの斑点を夜明けの星に見立てて名付けられた。
花期9〜10月
→ P176

### アセビ
本州〜九州の比較的標高が低い山地の尾根筋や草地に生える常緑低木。白い花を房状に咲かせる。有毒植物。
花期3〜4月
→ P134

### ゴゼンタチバナ
北海道、本州、四国の亜高山帯・高山帯に自生する。針葉樹林の林床で多く見られ、秋には赤い実を付ける。
花期6〜8月
→ P104

### シロヤシオ
本州、四国の山地で見られる落葉樹。別名、ゴヨウツツジ。アカヤシオに比べて花びらが鋭角で、花期も遅い。
花期5〜6月
→ P118

### ヒトツバタゴ
岐阜、愛知、離島の対馬などに限定分布する希少種。別名ナンジャモンジャ。他地域のものは植樹等による。
花期5月
→ P14

### ノリウツギ
北海道から九州に分布する落葉低木。樹高が比較的高く、よく似たガクアジサイと見分けるポイントの一つとなる。
花期7〜9月
 → P92

### マメナシ
日本では伊勢湾岸地域にのみ分布する希少種。三重県ではイヌナシと呼ばれ、自生地は国の天然記念物。
花期4月
→ P110

### シラタマホシクサ
伊勢湾岸地域の湿地帯に自生する1年草で日本固有種。白い玉のように見える花が特徴の絶滅危惧II種。
花期8〜10月
 → P66

## お楽しみはまだまだ続く
## 登山後の
## 立ち寄り
## スポット

**薩埵峠（静岡県）** → P148
JR東海道本線、東名高速道路、国道1号という太平洋側の動脈の交点を見おろすことができる峠で、富士山の眺めもすばらしい。JR由比駅から徒歩約1時間。

**鵜沼宿（岐阜県）** → P80
中山道六十九次の52番目の宿場。江戸時代を偲ばせる造り酒屋や脇本陣などがいまも残る。名鉄各務原線・鵜沼宿駅から徒歩10分。

**淡墨桜（岐阜県）** → P92
福島の三春滝桜、山梨の山高神代桜とともに日本三大桜と呼ばれる名桜で、国指定天然記念物。樽見鉄道・樽見駅から徒歩15分。

**博物館明治村（愛知県）** → P14
明治をテーマとしたテーマパーク＆博物館。敷地の広さは100万㎡と広大で、重要文化財が11件ある。名鉄・犬山駅からバスで約20分。

**犬山城（愛知県）** → P18
天守が国宝に指定される5城（他は、松本城、彦根城、姫路城、松江城）の一つ。名鉄・犬山遊園駅から徒歩15分。

**妻籠宿（長野県）** → P160
中山道42番目の宿場で、重要伝統的建造物群保存地区。JR中央本線・南木曽駅からバスまたはタクシーで約10分。

**伊良湖岬（愛知県）** → P70
渥美半島西端にあり、伊良湖岬灯台が立つ。太平洋側には日本の渚百選の恋路ヶ浜がある。豊橋鉄道・三河田原駅からバス約50分。

**四谷の千枚田（愛知県）** → P46
鞍掛山の南西麓に広がる棚田。標高差は200mにおよび、夏の緑に染まった斜面は壮観だ。新東名高速道路・新城ICから車で約45分。

# 愛知県
## AICHI

| 1 | 尾張三山 | → P14 |
| 2 | 継鹿尾山・鳩吹山 | → P18 |
| 3 | 春日井三山 | → P22 |
| 4 | 猿投山 | → P26 |
| 5 | 黍生山 | → P30 |
| 6 | 茶臼山・萩太郎山 | → P34 |
| 7 | 天狗棚 | → P38 |
| 8 | 日本ヶ塚山 | → P42 |
| 9 | 岩古谷山 | → P46 |
| 10 | 三ッ瀬明神山 | → P50 |
| 11 | 宇連山 | → P54 |
| 12 | 鳳来寺山 | → P58 |
| 13 | 宮路山・五井山 | → P62 |
| 14 | 葦毛湿原・豊橋自然歩道 | → P66 |
| 15 | 大山 | → P70 |
| 16 | 富士ヶ峰 | → P74 |
| 17 | 八曽山 | → P78 |
| 18 | 本宮山 | → P78 |
| 19 | 岩巣山 | → P78 |

# 尾張三山
おわりさんざん

| 歩行時間 | 4時間5分 |
|---|---|
| 登山難易度 | 初級 |

技術度 ★☆☆　体力度 ★★☆

尾張冨士山頂に佇む尾張冨士大宮浅間神社奥宮。たくさんの石が献石されている

## 登山データ

| 標高 | 293m（本宮山） |
|---|---|
| 総歩行距離 | 10.0km |
| 累積標高差 | 上り：685m<br>下り：706m |

## 問合せ先

犬山市観光協会
☎0568-61-2825
岐阜バス
☎058-370-8833

① 浅間神社　② 尾張冨士大宮 275m　③ 県道出合　④ 白山神社（尾張白山）258m　⑤ 県道出合　⑥ 信貴山泉浄院　⑦ 本宮山 293m　⑧ 大縣神社

10.0km

### シーズンカレンダー

登山適期　■花　■新緑　■紅葉　■積雪

| 1月 | 2月 | 3月 | 4月 | 5月 | 6月 | 7月 | 8月 | 9月 | 10月 | 11月 | 12月 |
|---|---|---|---|---|---|---|---|---|---|---|---|

登山適期　　　　　　　　　　　登山適期

ヒトツバタゴ

新緑

紅葉

**コースMEMO** ひとつひとつの山は標高200m台と低山ではあるが、3つの山を登り下りするため、累積標高差は大きい。
歩行距離もあるので、体力・時間に合わせて回る山の数を調整しよう。

## アクセス

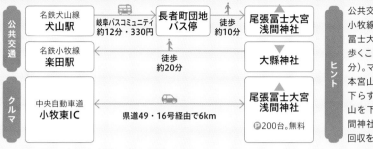

| | | | | | | |
|---|---|---|---|---|---|---|
| 公共交通 | 名鉄犬山線<br>**犬山駅** | ←→ 岐阜バスコミュニティ<br>約12分・330円 | **長者町団地<br>バス停** | ←→ 徒歩<br>約10分 | ▲<br>**尾張冨士大宮<br>浅間神社** | |
| | 名鉄小牧線<br>**楽田駅** | ←→ 徒歩<br>約20分 | | | ▽<br>**大縣神社** | |
| クルマ | 中央自動車道<br>**小牧東IC** | ←→ 県道49・16号経由で6km | | | ▲<br>**尾張冨士大宮<br>浅間神社**<br>ℙ200台。無料 | |

**ヒント** 公共交通の場合は名鉄小牧線羽黒駅から尾張冨士大宮浅間神社まで歩くこともできる(約30分)。マイカー利用者は本宮山から大縣神社に下らず、来た道で本宮山を下山し、下道を浅間神社まで歩いて車の回収を(約90分)。

**プロフィール** 尾張三山とは、尾張地方北部に位置する尾張冨士、尾張本宮山、尾張白山の３つの山の総称。いずれの山にも頂上付近に神社があり、信仰の対象にもなっている。山脈ではなく、それぞれが独立した山で、登っては下り、登っては下りて、3つの山を踏破するコースだ。

### ▲ 尾張冨士の神様に願いごとを<br>玉石をひとつ手に、頂を目指そう

最初に登る尾張冨士は、その名の通り、富士山のような円錐を描く、山容の美しい山だ。麓に鎮座する**❶尾張冨士大宮浅間神社**(おわりふじおおみやせんげんじんじゃ)から、標高275mの山頂を目指すが、この尾張冨士には伝説がある。その昔、尾張冨士は隣の本宮山と背比べをして負けたのを大層悔しがり、村人に頂上に石を積んでくれるよう頼んだという。麓の浅間神社本宮では願いを書いて山頂の奥宮に奉納する玉石(初穂料100円)を授与しているので、ひとつ運び上げるのも一興だ。

登山口は本殿横に見える、岩がむき出しになった急坂。斜度はなかなかきつく、一歩一歩確実

入鹿池畔の舗装道は開放感満点　畑の先が尾張白山への登山口だ

に。30分ほど登ると奥宮が佇む**❷尾張冨士**(おわりふじ)山頂に着く。社の前には玉石が積み上げられ、木々の切れ間からは御嶽山や恵那山も遠望できる。

下りは登ってきた道と反対側の入鹿池(いるかいけ)方面の登山道へ。途中、林道を横切りつつ樹林の中をどんどん下ると明治村のフェンスに出る。この舗装林道を右へ。明治村正門を経て、ワカサギ釣りのメッカでもある入鹿池の風景を楽しみながら、交通量の多い**❸県道出合**(けんどうであい)に出たら鋭角に県道を右折。しばらく歩くと左手に見えてくる歩行者専用の階段を下り、集落の中を歩いて2つめの山、尾張白山を目指す。

### ▲ 入鹿池から信貴山泉浄院へ<br>迷いやすいので慎重に歩きたい

明治村側から尾張白山へのルート上には道標がないので地図の確認は入念に。「この先行き止まり」の標識のある白山洞集落の一番南側の道路を東の端まで歩くと畑に突き当たる。登山道はこの畑の脇から樹林帯の中へと続いてい

浅間神社本殿の横のゴツゴツとした岩場からザレ場や石段を登る

←白山神社からの展望。境内のベンチに腰を下ろしてひと休みできる
↑北東側の山麓から見上げた尾張冨士
→本宮山山頂に佇む大縣神社の奥宮。このコースの最高地点

る。途中かなりの急坂やロープの張られた箇所もあるので、登山テープを見失わないように、ゆっくり慎重に登っていこう。尾根道に出るとすぐに、標高224mの尾張白山の山頂付近に鎮座する**❹白山神社（尾張白山）**だ。名古屋駅の高層ビル群まで望む眺望を眼下に境内でひと休みしたら、尾張冨士同様に登ってきた道とは反対側のよく整備された登山道へ。

しばらく下ると、数台駐車できる広場のようになったふれあいの森入口の林道に出る。3つめの本宮山に向かうには、登山道から左後方鋭角に、車止めのある舗装林道を下ろう。林道は先程歩いた白山洞集落へと下り、そのまま道なりに直進、用水路の橋を渡り二車線の**❺県道出合**に出たら左へ。「ヒトツバタゴ自生地」の案内板に従って右に進むとヒトツバタゴ自生地、その先の西洞池で道は三叉路になる。ここで直進せずに進路を右にとるとオフロード車なら走れそうな未舗装道。徐々にきつくなる勾配を登っていくと、峠に出る。

### 三山の中で最も標高が高い
### 本宮山を踏んで三山駆け満願

T字路になった峠には、「右：本宮山・大縣

神社、左：信貴山」の道標がある。本宮山登頂の前に緩やかな尾根を下り、**❻信貴山泉浄院**を参拝しよう。濃尾平野を一望する本堂前の舞台や、少し下にある朱塗りの多宝塔の立つ広場でひと休みする登山者も多い。信貴山からは来た道を折り返し、本宮山を目指そう。道は途中で本宮山の西麓に鎮座する大縣神社からの参拝道と合流。鳥居や小さな末社、展望台などを通りながら、標高293mの**❼本宮山**に向けての登りが続く。山頂には本宮山を神体山とする大縣神社の奥宮が佇んでおり、社の裏手に回ると

## COLUMN
### 尾張三大奇祭のひとつといわれる
### 尾張冨士大宮浅間神社「石上げ祭」

人々が尾張冨士に石を献ずる「石上げ祭」。隣の本宮山より低いことを嘆いた尾張冨士の御祭神の神慮にこたえようと、村人たちが大石を山頂に積み上げたのが始まりといわれている。朝から山頂に石を積む「石上げ」が、夜は松明を振り回しながら下りる「火振り」が行われる。8月第1日曜に開催。

**コースMEMO** 夏はブラックバス、冬はワカサギ釣り客で賑わう入鹿池。池畔には貸ボート店が数軒並んでおり、丼物や麺類などの食事もできる。入鹿池から先には飲食物を買える店などはないので、必要な人はここで。

三角点が確認できる。

　本宮山からは来た道を戻り、途中で大縣神社から続く参道を下る。十分な広さの一本道で、**❽大縣神社**本宮へと下り、三山駆けの最後の神様にお参りを。名鉄楽田駅へは大縣神社から約10分。真っ直ぐ西へ歩けば迷う心配もない。

（取材／川本桂子）

樹齢約300年のヒトツバタゴ。枝全体に雪が積もったように咲き誇る

| ❶ 尾張冨士大宮浅間神社 | | ❷ 尾張冨士 | | ❸ 県道出合 | | ❹ 白山神社（尾張白山） | | ❺ 県道出合 | | ❻ 信貴山泉浄院 | | ❼ 本宮山 | | ❽ 大縣神社 |
|---|---|---|---|---|---|---|---|---|---|---|---|---|---|---|
| | 0:30 | | 0:30 | | 0:45 | | 0:40 | | 0:40 | | 0:30 | | 0:30 | |

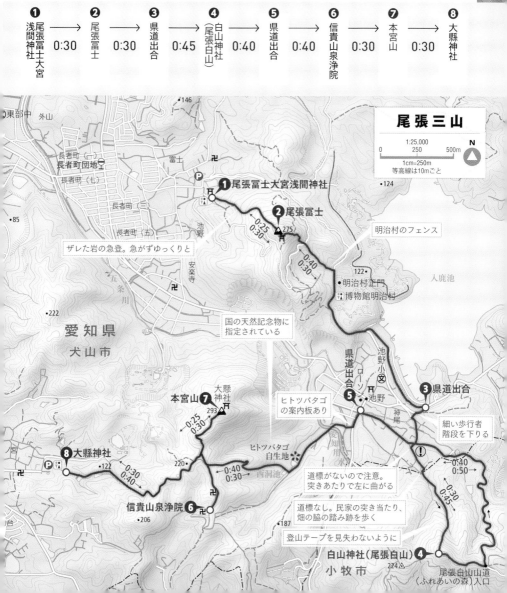

尾張三山

1:25,000
0　　250　　500m
1cm=250m
等高線は10mごと
N

・146

東部中　外山

長者町　長者町団地

富士　卍

❶ 尾張冨士大宮浅間神社

❷ 尾張冨士　▲275
0:25
0:30

明治村のフェンス

・124

長者町（七）

P

長者町（三）

・85

長者町（五）

池野

安楽寺

0:40
0:30

122・

明治村正門
博物館明治村

入鹿池

広小条川

・222

愛知県

犬山市

国の天然記念物に指定されている

池野小文

県道出合

ローソン

❺ 池野

神尾

❸ 県道出合

細い歩行者階段を下りる

本宮山 ❼　大縣神社　▲293
0:25
0:30

ヒトツバタゴの案内板あり

ヒトツバタゴ自生地

！

0:40
0:50

❽ 大縣神社

P

・122

0:30
0:40

卍

220

0:40
0:30

西洞池

道標がないので注意。突きあたりで左に曲がる

0:30
0:45

信貴山泉浄院 ❻

卍卍

・206

・187

道標なし。民家の突き当たり、畑の脇の踏み跡を歩く

登山テープを見失わないように

白山神社（尾張白山）❹
224▲

小牧市

尾張白山山道（ふれあいの森）入口

ザレた岩の急登。急がずゆっくりと

# 継鹿尾山・鳩吹山
<small>つがおさん・はとぶきやま</small>

鳩吹山からの眺め。可児市街を流れる木曽川を眼下に恵那山を遠望することができる

## 登山データ

| 標　　高 | 340m（西山） |
| --- | --- |
| 総歩行距離 | 7.5km |
| 累積標高差 | 上り：768m　下り：784m |

## 問合せ先

可児市観光協会
☎0574-50-7056

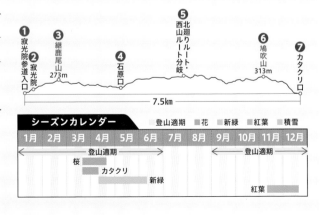

❶寂光院参道入口
❷寂光院
❸継鹿尾山 273m
❹石原口
❺北廻りルート・西山ルート分岐
❻鳩吹山 313m
❼カタクリ口

7.5km

## シーズンカレンダー

■登山適期　■花　■新緑　■紅葉　■積雪

| 1月 | 2月 | 3月 | 4月 | 5月 | 6月 | 7月 | 8月 | 9月 | 10月 | 11月 | 12月 |
| --- | --- | --- | --- | --- | --- | --- | --- | --- | --- | --- | --- |

登山適期　　　　　　　　　　　　　　　　登山適期
桜
カタクリ
新緑
紅葉

**コースMEMO** 継鹿尾山麓にある寂光院は紅葉の名所で、秋は特に混雑するので時間に余裕を。また、飛騨木曽川国定公園一帯では火気使用が禁止されている。お湯を使う場合はポットに入れて持参を。

| | | | | |
|---|---|---|---|---|
| **公共交通** | 名鉄犬山線 **犬山遊園駅** | 徒歩約20分 🚶 → | | ▲ **寂光院参道入口** |
| | 名鉄広見線 **西可児駅** | ← 送迎バス約5分 🚌 ※湯の華アイランド広場利用客のみ | 湯の華アイランド広場 | 徒歩約3分 🚶 ▼ **カタクリ口** |
| **クルマ** | 東海環状自動車道 **美濃加茂IC** | 国道41号経由で9km 🚗 | | ℗ **カタクリ口駐車場** ℗約30台。無料 |

**ヒント** 湯の華アイランド広場で入浴や食事をすれば、名鉄西可児駅かJR美濃太田駅まで無料送迎バスに乗車できる。利用客以外は大脇ルートで大脇口へ下山して、名鉄広見線可児川駅まで歩いて戻る（大脇口から徒歩約20分）。

**プロフィール** 東海自然歩道が通る飛騨木曽川国定公園内、犬山市北部に位置する標高273mの継鹿尾山から岐阜県可児市へ続く標高313mの鳩吹山までの縦走コース。両山とも複数の登山口からアプローチできるが、ここでは尾根歩きが中心の眺望のよい行程を紹介する。

### 🔺 紅葉の名所・寂光院から 東海自然歩道で継鹿尾山へ

まずは起点となる寂光院へ。名鉄犬山遊園駅東口から善光寺参道入口の看板のある坂道を上り、400m程先から東海自然歩道に入る林間ルートと、木曽川沿いの県道185号を歩いて寂光院の案内板からアプローチする渓谷側のルートがある。ともに所要時間は約20分なので眺望でセレクトするといいだろう。

❶**寂光院参道入口**からは、しばらく東海自然歩道をたどる。参道の石階段を10分ほど登ると、❷**寂光院**の本堂だ。別名「尾張のもみじでら」と呼ばれ、秋には約1000本ものモミジが色づき、多くの観光客で賑わいをみせる。

東海自然歩道は、本堂裏手にある三角点の道標方向に続いている。ここからが本格的な登山道の始まりだ。20分ほど登ると御嶽神社、さらに10分ほど登ると❸**継鹿尾山**山頂に到着するが、道中はなかなかの急登で手すり付きの岩場もあるので、あせらずゆっくり登っていこう。

山頂には二等三角点とあずま屋があり、ここからは木曽川と犬山城を眼下に岐阜市方面の展望が開け、鈴鹿山脈や養老山地も見晴らせる。

山頂からは、来た道から見て左側に延びる東海自然歩道へ。出だしは長い下り階段で、手すりのある岩場や滑りやすいザレ場など、アップダウンを繰り返しながら、尾根を気持ちよく下って行く。30分程度歩くと東海自然歩道本線の分岐があり、ここで右手に延びる東海自然歩道を離れて左手の登山道に歩を進めると❹**石原口**の林道に出合う。

継鹿尾山に至る岩場の道　御嶽神社でひと息つこう

あずま屋のある継鹿尾山山頂。犬山・岐阜方面の眺望が抜群だ

←継鹿尾山から石原口に向かう東海自然歩道。尾根歩きが気持ちいい
↑石原口から鳩吹山へと続く遊歩道に入る　→北廻りルート・西山ルート分岐

### 条件が合えば北アルプスも見える！
### 起伏に富んだ鳩吹山遊歩道を歩く

石原口からは鳩吹山遊歩道で鳩吹山に向かう。鳩吹山遊歩道には道標や遊歩道マップが要所要所に設置されているので、迷うことはない。最初は石原ルートの急登だ。登り坂に汗が噴き出すころ、左右に展望の開けた鉄塔に着くので、木曽川や濃尾平野の眺めを楽しみながら弾んだ息を整えよう。鉄塔から10分ほどで❺**北廻りルート・西山ルート分岐**があり、ここを左へ、北廻りルートで標高340mの西山を経由して鳩吹山を目指す。コース最高地点である西山からの眺望は期待できないが、北廻りルートは複数の展望のよい箇所があり、急な岩場を通過したり、谷川に架かる木橋を渡ったり、起伏

鳩吹山山頂。平らで広い山頂は登山者たちの恰好の休憩スポットだ

と景観の変化に富み、歩いていて飽きない行程が魅力だ。西山を越え、登り下りをしながら45分ほど歩くと西山ルートと合流。さらに鳩吹山の道標に従って尾根道を30分ほど行くと三等三角点のある❻**鳩吹山**に着く。広場のようになった山頂にはテーブルやベンチが置かれ、少し下にある大天神休憩舎からは御嶽山や恵那山、条件が整えば北アルプスまで望む絶景が広がる、絶好の休憩ポイントだ。

下山は大脇ルートとカタクリルートを利用する。山頂付近の高圧鉄塔のフェンスの途中から左脇に下る遊歩道が大脇ルート。階段や岩場をどんどん下ること約15分、展望台になった小天神休憩舎から左手のカタクリルートに入る。ここからも急な下りが続くので、最後まで気を抜かず、足元に注意しながら下山口を目指そう。コースのフィナーレ、開けた緩斜面の中に九十九折の遊歩道が続く一帯は、東海地方でも有数のカタクリ群生地だ。カタクリの花は朝10時ごろから咲き始め14時ごろには閉じてしまうので、開花時期は早めに群生地に到着できるよう計画をしたい。また、鳩吹山は小天神休憩舎や山頂などにサクラが植えられている。

コースMEMO　マイカーの場合、鳩吹山の大脇口かカタクリ口の無料駐車場から逆コースを歩き、犬山公園駅から西可児駅に戻って湯の華アイランド広場の送迎バス（施設利用が乗車条件）を利用するといい。

鳩吹山北斜面、約7000㎡に約10万株が咲くというカタクリの花

そして、本コースのもうひとつの魅力が、下山口の**❼カタクリ口**とほぼ直結した天然温泉だ。湯の華アイランド広場には日帰り温泉や食堂、産直市場などがあり、利用者は駅と施設を往復する無料送迎バスに乗車できる。至れり尽くせりの最後のご褒美もありがたく楽しみたい。

（取材／川本桂子）

### 立ち寄りスポット

## Spa Resort 湯の華アイランド広場
スパリゾート ゆのなアイランドひろば

木曽川を望む8種類の露天風呂と6種類の室内風呂、日本初の屋外岩盤ドームスパなどを備えたスパリゾート。南知多の網元が直営する魚太郎亭と地元食材を使った湯の華亭がある湯の華食堂、産直の湯の華市場を併設。☎0574-26-1187。入浴料800円（土日祝900円）。温泉9〜翌1時（岩盤スパ受付は〜23時）、食堂・市場は〜19時（変更あり）。無休。

---

❶ 入口寂光院参道 → 0:10 → ❷ 寂光院 → 0:30 → ❸ 継鹿尾山 → 0:40 → ❹ 石原口 → 1:00 → ❺ 北廻りルート・西山ルート分岐 → 1:15 → ❻ 鳩吹山 → 0:35 → ❼ カタクリ口

---

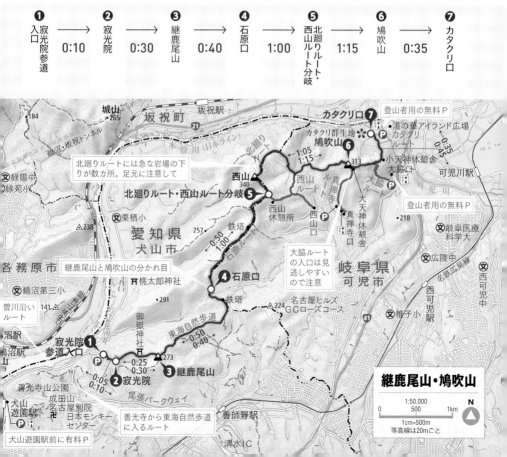

継鹿尾山・鳩吹山

1:50,000
0　500　1km
1cm=500m
等高線は20mごと

# 春日井三山
かすがいさんざん

| 歩 行 時 間 | **3**時間 |
| --- | --- |
| 登山難易度 | **初級** |

技術度 ★☆☆　体力度 ★☆☆

刈り入れ時の稲田の向こうの道樹山（右）と大谷山。第2駐車場から

## 登山データ

| 標　　高 | **437**m（弥勒山） |
| --- | --- |
| 総歩行距離 | **6.9**km |
| 累積標高差 | 上り：**579**m<br>下り：**568**m |

### 問合せ先

春日井市経済振興課
☎0568-85-6246

春日井市都市緑化植物園
☎0568-92-8711

名鉄バス春日井営業所
☎0568-92-5311

**❶** 少年自然の家バス停

広々とした第2駐車場

**❷** 道樹山 429m

**❸** 大谷山 425m

**❹** 弥勒山 437m

**❺** 31番道標

**❻** 27番道標

**❼** 19番道標

**❽** 植物園バス停

6.9km

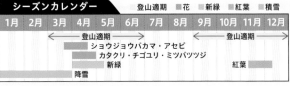

### シーズンカレンダー
登山適期　花　新緑　紅葉　積雪

| 1月 | 2月 | 3月 | 4月 | 5月 | 6月 | 7月 | 8月 | 9月 | 10月 | 11月 | 12月 |
| --- | --- | --- | --- | --- | --- | --- | --- | --- | --- | --- | --- |

←─── 登山適期 ───→　　←─── 登山適期 ───→

ショウジョウバカマ・アセビ

カタクリ・チゴユリ・ミツバツツジ

新緑

紅葉

降雪

コース MEMO　これといった通過困難箇所はない。細野キャンプ場からの登路は尾根コースと沢コースの2本があり、本文では尾根コースを紹介したが、体力的には沢コースのほうが登りやすく楽だろう。

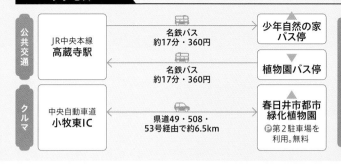

**アクセス**

| 公共交通 | JR中央本線 **高蔵寺駅** | → | 名鉄バス 約17分・360円 | → | ▲ **少年自然の家 バス停** |
| クルマ | | | 名鉄バス 約17分・360円 | → | ▽ **植物園バス停** |
| | 中央自動車道 **小牧東IC** | → | 県道49・508・ 53号経由で約6.5km | → | ▲ **春日井市都市 緑化植物園** Ⓟ第2駐車場を 利用。無料 |

**ヒント** 駐車場は植物園利用者が優先されるので、休日などで混雑が予想されるときはバスまたはタクシーの利用を考慮したい。駐車場は11〜3月は17時に、それ以外の時期は18時に、さらに休園日の月曜日は施錠される。

---

**プロフィール** 春日井三山は道樹山、大谷山、弥勒山の総称で、地元のハイカーにたいへん人気の高い山。稜線は東海自然歩道として道もよく整備され、初級者でも不安なく歩けることだろう。弥勒山からは低山とは思えないほどの大展望が広がる。

### 木段の続く急な尾根を登り 道樹山から大谷山へ

❶**少年自然の家バス停**からゆるやかに歩道を下り、すぐの横断歩道を渡って右に行く。植物園の第2駐車場の横を通り、その先の分岐を左斜めに入る。150mほど歩くと「東海自然歩道」「細野キャンプ場」と書かれた道標があるので、ここを左折する。

展望は開けないが心地いい大谷山の頂上

31番道標〜27番道標間のシダの茂る道

そのまましばらく進み、次の変形T字路は右折。すぐ別の道路にぶつかるので、こんどは左折して坂道を登る。続いて現れる分岐は右に行く。左は沢コースへと直接行く道だ。

右の道はすぐに、秋葉神社下のトイレのある広場に出、ここで再び、沢コース（左）と尾根コース（右）が分岐する。登りはややきついが、表道でもある尾根コースを登ろう。

道標に従って右に行くとこぢんまりとした秋葉神社が立ち、ここから左へと尾根コースに入る。ゆるやかな木段の道を登ると、ほどなく左手に師女龍神の社が現れ、ここから道はだんだんと傾斜を増していく。滑りやすい岩の道から木段の急坂を登ると鉄塔が立つ。神社から道樹山頂上へのほぼ中間点あたりだ。

鉄塔からなお傾斜を増す道だが、ひと頑張り

←弥勒山からの眺め。中央に見える入鹿池の左上の山が尾張冨士
↑道樹山の頂上。樹林に囲まれ展望はない
→27番道標。コース中の多くの道標に番号が付く

でゆるやかになり、ここにはあずま屋が立つ。頂上はもう目の前。わずかに登れば社の立つ❷道樹山の頂上だ。展望は開けないが、広々とした頂でひと休みしよう。

道樹山からは大谷山への道標に従い、北へと道をとる。途中、美しい社を左に見送って急な木段を下る。小ピークを一つ越え、次の鞍部から軽く登り返せば❸大谷山はすぐ。ここも展望は開けないが、のどかで心地いい頂だ。

### 弥勒山で大展望を楽しみ<br>シダ茂る道を植物園に下る

大谷山でコースは直角に曲がり、弥勒山に向けてゆるやかに下る。軽い登り返しを2度ほど経て、34番の道標が立つ鞍部から最後の登りに入る。木段の急登は、道樹山の最後の登りとともにこのコースでいちばん疲れるところだろう。とはいってもわずかな時間。樹木のトンネルを抜ければ、3つめのピーク、❹弥勒山の頂上に飛び出す。

頂上には展望台があり、初めて大きな眺めが広がる。右手には尾張冨士に入鹿池、左手には名古屋市街やツインタワー、ナゴヤドーム、そして名古屋市街の向こうには鈴鹿山脈の山々が連なっている。コース唯一といっていい展望地なので、眺めをゆっくり楽しみたい。

弥勒山からは、道標に書かれている「内津峠」方面へと進む。道が平坦になってすぐに現れる左への分岐は、林道を植物園へと直接下る道。疲れているときや天候悪化の際はこちらを下るといい。この分岐を見送るとほどなく、❺31番道標の立つ分岐に至る。

まっすぐは内津峠への道なのでここは左へ。下り始めてしばらくすると、シダが茂り、やや滑りやすい道となる。スリップに注意して下り

### 弥勒山から内津峠へと向かい<br>内々神社に下る

東海自然歩道をもう少し歩きたい場合は、31番道標から直進し、内津峠に向かうコースがある。31番道標からの下りがやや急だが、道標に従って内々神社バス停へと下る。弥勒山から約1時間10分。高蔵寺駅行きの名鉄バス便（所要約30分・490円）は少ないので、事前に確認しておこう。

春日井三山の稜線には分岐する枝コースが数多くあり、天候悪化や体調不良の際は植物園まで短時間で下ることができる。下る途中の分岐ではとにかく植物園方向に進めばいい。

急坂の樹木のトンネルを抜けると弥勒山の頂上だ

## 立ち寄りスポット

### 春日井市都市緑化植物園

かすがいとしりょっかしょくぶつえん

　春日井三山の西麓に広がる自然観賞・学習園で、愛称はグリーンピア春日井。園内には散策路が整備され、バラやハナショウブ、ツバキ、ハーブなどの植物園のほかに、動物ふれあい広場やボート池、レストラン、緑の相談所などもある。☎0568-92-8711。9〜18時（11月〜3月は〜17時）。月曜（祝日の場合は翌日）・年末年始休。

たい。小沢を一度渡っており立ったところが❻27番道標（ばんどうひょう）で、ここは左に行く。道はなだらかになり、堰堤を過ぎて小沢を渡れば❼19番道標（どうひょう）。ここから林道歩きとなり、林道終点に立つ36番道標を右に下れば、そこはもう植物園の一角だ。整備された園地を抜けて❽植物園バス停（えんていていてい）に向かおう。　　　（取材／森田秀巳）

| ❶ 少年自然の家バス停 | 1:00 | ❷ 道樹山 | 0:20 | ❸ 大谷山 | 0:25 | ❹ 弥勒山 | 0:10 | ❺ 31番道標 | 0:25 | ❻ 27番道標 | 0:20 | ❼ 19番道標 | 0:20 | ❽ 植物園バス停 |
|---|---|---|---|---|---|---|---|---|---|---|---|---|---|---|

# 猿投山
さなげやま

| | | |
|---|---|---|
| 歩 行 時 間 | **3**時間**10**分 | |
| 登山難易度 | **入門** | |

技術度 ★☆☆ 体力度 ★☆☆

南麓の西中山町付近から見た、なだらかな姿が印象的な猿投山

## 登山データ

| 標　　高 | **629**m |
|---|---|
| 総歩行距離 | **10.0**km |
| 累積標高差 | 上り：**783**m<br>下り：**783**m |

## 問合せ先

豊田市商業観光課
☎0565-34-6642
豊田市交通政策課
（とよたおいでんバス）
☎0565-34-6603

❶登山者用駐車場　❷御門杉　❸武田道分岐　❹分岐 自然観察路　❺猿投山 629m　❹分岐 自然観察路　❻林道出合　❸武田道分岐　❼城ヶ峰山頂分岐　❶登山者用駐車場

|←————————— 10.0km —————————→|

### シーズンカレンダー

登山適期　■花　■新緑　■紅葉　■積雪

| 1月 | 2月 | 3月 | 4月 | 5月 | 6月 | 7月 | 8月 | 9月 | 10月 | 11月 | 12月 |
|---|---|---|---|---|---|---|---|---|---|---|---|
| | | | ←———登山適期———→ | | | | | ←———登山適期———→ | | | |
| | | | | 新緑 | | | | | | 紅葉 | |
| | 積雪 | | | | | | | | | | |

コースMEMO　猿投山には複数の登山コースがあり、歩いていると登山案内板や地図に記されていない道も。なかには危険な道もあるので、まずは東海自然歩道、自然観察路を利用してプランニングするのがおすすめだ。

| | | | | | | |
|---|---|---|---|---|---|---|
| 公共交通 | 名鉄三河線<br>豊田市駅 | →とよたおいでんバス<br>約30分・300円→ | 猿投神社前バス停 | →徒歩<br>約10分→ | ▲ 猿投神社登山者用駐車場 | |
| クルマ | 東海環状自動車道<br>豊田藤岡IC | →県道13・349号経由で2km→ | | | 猿投神社登山者用駐車場<br>Ⓟ50台。無料 | |

**ヒント** 県道から入ってすぐ手前の駐車場は猿投神社の参拝者用駐車場。神社の先に登山案内板やトイレを完備した登山者用の駐車場がある。満車の場合は神社東側の大駐車場へ。なお、バスの本数は1〜2時間に1本程度。

**プロフィール** 愛知高原国定公園に含まれる豊田市と瀬戸市にまたがる標高629mの猿投山。山頂には東海自然歩道が通り、ファミリー登山にも人気の山だ。古くから山岳信仰・巨石信仰の場として崇められ、山域では猿投三社や陵墓、巨岩遺構などを見ることができる。

歩きやすい東海自然歩道　　　東宮。薬師如来を安置

### ▲ 猿投山へのメインルート 東海自然歩道を歩き山頂へ

　猿投山の登山口はいくつかあるが、もっともスタンダードで初心者におすすめなのが猿投神社から登るルートだ。猿投神社は、豊川市の砥鹿神社、知立市の知立神社に並ぶ、三河国の三宮のひとつで、麓にある本社と猿投山山頂付近にある西宮、東宮を総称して猿投三社大明神と呼ぶ。三社や巨岩などの見どころを辿りながら歩いてみよう。

　スタートは猿投神社本社より少し奥にある**❶猿投神社登山者用駐車場**。駐車場から舗装林道を10分ほど歩くと、土を粉砕して瀬戸物の粘土や陶土を作る赤いトロミル水車、さらに

歩行ルート上で一番の眺望ポイントが大岩。まるで展望台！

10分ほどで、東海自然歩道の登り口に着く。東海自然歩道の階段を10段ほど登ったところで、**❷御門杉**という杉の大木が出迎えてくれる。

　ここからしばらくは登り坂。階段や砂地の坂が続くが、途中で舗装林道を横切り20分ほど登ると休憩小屋、もうしばらく登るとベンチのある**❸武田道分岐**と、定期的に休憩ポイントが設けられているので、休みながら自分のペースで登ることができる。武田道分岐のすぐ先で道は二手に分かれ、右の斜面を行くと豊田市街を眼下に、条件が良ければ南アルプスまで遠望できる大岩へ。右俣左俣どちらを歩いても先で道は合流する。さらに少し先に自然観察路との分岐があるが、今回は下山で自然観察路を利用することにして、登りは右の東海自然歩道へ。急な階段を下ると舗装林道に出合い、この林道を左に行くと鳥居が見えてくる。鳥居をくぐって20分ほど登り、**❹自然観察路分岐**を越えると、間もなく猿投神社の奥の院である東宮だ。

←西宮。裏手の山上に大碓命の陵墓がある
↑武田道分岐。ベンチの奥に武田道は延びている
→城ヶ峰山頂分岐で左手に行くと猿投神社駐車場方面

山頂へは社殿左手の鉄製の階段を下る。数分歩くとカエル岩、緩いアップダウンを繰り返しながらさらに進むと、一等三角点のある**⑤猿投山**（さなげやま）の山頂に着く。天気がよければ白山や御嶽山まで望める山頂にはテーブルと椅子があり、ひと息入れる登山者で賑わっている。

**武田道分岐から軽快な尾根道で城ヶ峰を経由して下山しよう**

山頂からは来た道を戻り、東宮の下にある**④自然観察路分岐**（しぜんかんさつろぶんき）を右に、自然観察路で下山しよう。10分程下るとふたつの大岩が並んだ御船岩（おふないわ）、その先には猿投山で毒蛇にかまれ亡くなったと伝わる大碓命（おおうすのみこと）の陵墓、急な石段を下ると、猿投神社のもうひとつの奥の院である西宮に出る。さらに石段を下りると西宮鳥居のある**⑥林道出合**（りんどうであい）だ。左に舗装林道をしばらく歩き、道標のある鉄階段から自然観察路の登山道に入る。道なりに進むと、登りで歩いてきた東海自然歩道に合流し、**③武田道分岐**（たけだどうぶんき）に戻る。

下山はここからベンチの奥に延びている武田道を利用する。武田道は全体的に緩いアップダウンを繰り返す尾根ルートで、東海自然歩道に比べて登山客が少なく、静かな山歩きを満喫できる。武田道分岐から5分ほどで林道を渡り、15分ほどで南アルプス展望ポイント、その先の**⑦城ヶ峰山頂分岐**（じょうがみねさんちょうぶんき）で、左の城ヶ峰方面へ。斜面を5分程度登ると豊田市街を一望する展望地、城ヶ峰に着く。城ヶ峰からは左方向に急な斜面をどんどん下って行く。滑りやすい箇所もあるので足元には注意。また踏み跡が複数ついていて間違えやすい箇所もあるので、赤ペンキを確認しながら慎重にコースを選びたい。林道に飛び出すと、**①猿投神社登山者用駐車場**（さなげじんじゃとざんしゃようちゅうしゃじょう）はもうすぐだ。
（取材／川本桂子）

コースMEMO　猿投神社には左鎌（左利き用の鎌）を奉納する風習が残る。これはこの地の開拓に尽くし、主祭神でもある大碓命（おおうすのみこと）が左利きだったことに由来するといわれる。大碓命は日本武尊の双子の兄。

猿投山

1:25,000
0      250      500m
1cm=250m
N

瀬戸市

● 雲興寺

愛知県
豊田市

自然歩道

513・

❺ 猿投山
629

0:25
0:20

カエル岩

東宮 ・632

ショートカットするルート。
カエル岩のすぐ近くの踏み
跡を下る

0:10
0:20

御船岩自然観察路

❹ 自然観察路分岐

大碓命陵墓
西宮

0:25
0:30

舗装林道を横切る

猿投山随一の展望台。
林道出合から10分程

❻ 林道出合

504

観光展望台

・352

△317

林道のヘアピンカーブの
ショートカットルートあり

二ツ釜滝

0:10

大岩

猿投山の球状花崗岩

❸ 武田道分岐

道は二俣に分かれるが、
どちらを歩いても合流する

猿投山トンネル

舗装林道を横切る

東海自然歩道

休憩小屋

340

・242

猿投山

0:25
0:20

武田道

舗装林道を横切る

東海環状自動車道

0:30
0:35

南アルプス展望ポイント

❷ 御門杉

0:20

林道を歩く。歩道が
ないので車には注意を

・277

猿投温泉
金泉の湯

武田道と城ヶ峰の分岐。道標あり

❼ 城ヶ峰山頂分岐

城ヶ峰

東海自然歩道、
御門杉の案内板あり

トロミル水車

猿投川

・207

加納川

広沢大滝

△309

広沢川

289・

0:30
0:20

猿投神社登山者用駐車場 ❶

大悲殿
P

猿投神社参拝者・登山者
共用駐車場 P

武田道登山口

・260

猿投神社 ⛩

・142

大池

猿投町

猿投神社前

152・

# 黍生山

きびゅうさん

| 歩行時間 | **1**時間**25**分 |
|---|---|
| 登山難易度 | **初級** |

技術度 ★☆☆　体力度 ★☆☆

城跡公園足助城から見た黍生山（写真中央右のピーク）。右に続く山並みは城山

## 登山データ

| 標　　高 | **375**m |
|---|---|
| 総歩行距離 | **3.1**km |
| 累積標高差 | 上り：**306**m<br>下り：**297**m |

## 問合せ先

足助観光協会
☎0565-62-1272
豊栄交通（とよたおいでんバス）
☎0565-74-1110
名鉄バス豊田営業所
☎0565-32-1371

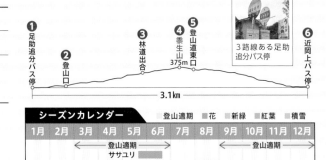

❶ 足助追分バス停
❷ 登山口
❸ 林道出合
❹ 黍生山 375m
❺ 登山道東口
❻ 近岡上バス停

3路線ある足助追分バス停

━ 3.1km ━

## シーズンカレンダー

■登山適期　■花　■新緑　■紅葉　■積雪

| 1月 | 2月 | 3月 | 4月 | 5月 | 6月 | 7月 | 8月 | 9月 | 10月 | 11月 | 12月 |
|---|---|---|---|---|---|---|---|---|---|---|---|
| | | | ←登山適期→ | | | | | ←登山適期→ | | | |
| | | | ササユリ | | | | | | | | |
| | | | | | | | キキョウ | | | | |
| | | | 新緑 | | | | | | 紅葉 | | |
| | 降雪 | | | | | | | | | | |

コースMEMO　黍生山ではヤマビルの出没は聞かないが、その代わりにヤブ蚊が多い。中腹より下では四六時中まとわりついてくるので、5〜10月は防虫スプレーを忘れずに用意しておきたい。

ヒント

バス便はほかに、名鉄三河線豊田市駅、名鉄名古屋本線東岡崎駅からの名鉄バスもある。豊田市駅からは約40分・770円、東岡崎駅からは約1時間・800円。多目的広場の駐車料金は八幡宮近くの三州足助公社で支払う。

**プロフィール** 平安時代の終わり、足助氏の始祖とされる足助重長が築いた山城がここ黍生山だったといわれる。山麓にある香嵐渓の紅葉や桜に比べると、華やかさに欠ける山とはいえるが、手軽に登ることができ、また、頂上からの展望もなかなかのものだ。

### ひたすら樹林帯を登り
### 大きな展望の広がる頂へ

❶**足助追分バス停**から少し戻り、交差点を右折して車道（県道358号）を歩く。すぐ正面に接骨院が見えてくるので、その手前から右の細い車道に入る。ここには古い道標が立つ。舗装路を道なりに登るとほどなく未舗装路となり、草地の広場に出る。そのまま進むと道標が

登山道の上部になると松が目立ってくる

林道出合。左に少し進み、右へと登山道に入る

あり、ここが❷**登山口**となっている。

左へと登山道に入る。ササと低木が両側に茂る道を行くと鉄塔が現れる。鉄塔の横を進み、同じような雰囲気の道をなおも登る。夏〜秋はヤブ蚊がうるさい。道はいつしか杉の植林帯となり、水量の少ない小沢を2本渡る。

道は傾斜を増し、ロープの張られた滑りやすい赤土の道を登れば❸**林道出合**に到着する。林道とはいっても路面には草が茂り、ふつうの車は走れそうもない。出合には「←登山道西口　登山道東口→」と書かれた小さな道標が立ち、ここは左に行く。登山道があるのか不安になるが、少し行くと右手に道標が見えてくる。

再び登山道を登る。大きな岩の横を通り過ぎ、松や広葉樹が混生する森を行けば、林道出合から15分とかからずに❹**黍生山**の頂上だ。

←広々とした黍生山の頂上。樹間から展望が広がる
↑黍生山頂上にある丸い大きな岩
→林道出合手前の滑りやすい急坂

広々とした頂は木がまばらに立ち、大パノラマとはいかないが、開けた場所からは恵那山、御嶽山などの山々だけでなく、名古屋市街や鈴鹿山脈も見渡すことができる。なお、黍生山はかつて、足助氏の山城があったところで、毎年4月には地元の人たちが頂上に集まって祭りを行っているという。

### ひっそりした竹林から足助の町へと下る

黍生山頂上からは下山に向けて東へと歩を進めるが、頂上部の東端には2つの丸く大きな岩が並び、そのすぐ先からは大きな眺めが広がっている。最後の眺めを楽しんでから下りにかかろう。いったん急な下りとなるが、それもわずかで**⑤登山道東口**におり立つ。ここには林道が横切っている。登りで出合った林道だ。

林道を横切り、再び登山道を下る。樹林に包まれて展望の開けない道だが、よく踏まれていて歩きやすい。鉄塔を過ぎ、杉の植林帯を下ると、道はやがて竹林帯に至る。やや不明瞭な箇所も現れるが、竹に赤テープが巻かれているので迷うことはないだろう。

しばらく下ると右手に墓地があり、人里の近いことを教えてくれる。この墓地から少し下ると、道は二手に分岐する。ついまっすぐ下ってしまいそうだが、直進する道は私有地に入ってしまうのでここは左に行く。

ゆるやかに下ると、少しの時間で車道にぶつかる。登山道入口の道標が立ち、傍らには自由に使える杖が置いてある。ここから車道を下る。次のT字路は右折。すぐに国道153号の足助新橋北信号に出るので、道路を渡ってから右に行く。**⑥近岡上バス停**はすぐだ。

足助の町並みを散策する場合は、足助新橋を

COLUMN
### 漆喰で軒先まで塗り固めた塗籠造りの町家群を散策する

足助の旧市街には、平成23年に愛知県で初めて重要伝統的建造物群保存地区に指定された町並みが残されている。本町、西町、マンリン小路など見どころが多く、短時間で下山できる黍生山登山のあとにはぜひ散策してみたい。足助には、国の重要文化財の足助八幡宮をはじめ、史跡・古刹も多い。

**コースMEMO** 市街に車を停めた場合、宮町駐車場などから登山口までは30分ほど歩かなくてはならない。その際は国道を歩かず、足助追分バス停の手前まで足助川の対岸にある道を歩けば車も少ない。

登山道終了間近の竹林。バス停までわずか

黍生山頂上に咲く、めずらしい4枚花のキキョウ

渡ってから左に行く。アクセスのヒントで紹介した宮町駐車場のすぐ先が重要文化財の足助八幡宮だ。足助新橋から15分ほどだろう。この八幡宮の先で巴橋を渡ると重要伝統的建造物群保存地区に入れるので、あとは気の向くまま散策するといい。 　　　　　　　　（取材／森田秀巳）

---

**立ち寄りスポット**

## 白鷺温泉白鷺館
しらさぎおんせんしらさぎかん

- - - - - - - - - - - - - - - - - - - - - - - -

　昭和27年に建築された建物がそのまま残り、部屋も風呂もレトロムード満載の温泉宿。昭和の雰囲気を存分に楽しめる。石造りの露天風呂もある。硫黄の匂いがする浴室では、蛇口やシャワーから出る湯も源泉だ。宿泊もおすすめ。☎0565-62-0151。入浴料800円。※利用時間は要問い合わせ。

---

❶足助追分バス停 —→ 0:05 —→ ❷登山口 —→ 0:30 —→ ❸林道出合 —→ 0:15 —→ ❹黍生山 —→ 0:05 —→ ❺登山道東口 —→ 0:30 —→ ❻近岡上バス停

黍生山

1:25,000
0　　250　　500m
1cm=250m
等高線は10mごと

# 茶臼山・
# 萩太郎山
ちゃうすやま・
はぎたろうやま

| 歩行時間 | **2**時間**20**分 |
|---|---|
| 登山難易度 | **入門** |

技術度 ★☆☆ 体力度 ★☆☆

萩太郎山のゲレンデから眺めた愛知県一の高峰、茶臼山

## 登山データ

| 標　　高 | **1416**m(茶臼山) |
|---|---|
| 総歩行距離 | **3.7**km |
| 累積標高差 | 上り：**298**m<br>下り：**298**m |

## 問合せ先

豊根村商工観光課
☎0536-85-1316
休暇村茶臼山高原
☎0536-87-2334
東栄タクシー(要予約)
☎0536-79-3405

収容台数の多い
幸の丘駐車場

❶幸の丘 — ❷茶臼山 1416m — ❶幸の丘 — ❸萩太郎山 1359m — ❶幸の丘
3.7km

## シーズンカレンダー

登山適期 ■花 ■新緑 ■紅葉 ■積雪

| 1月 | 2月 | 3月 | 4月 | 5月 | 6月 | 7月 | 8月 | 9月 | 10月 | 11月 | 12月 |
|---|---|---|---|---|---|---|---|---|---|---|---|

←――――――――――登山適期――――――――――→
芝桜
新緑
紅葉
積雪

 コース
MEMO これといった通過困難箇所はなく、ファミリーでも歩き通せるだろう。急坂が不安な場合は幸の丘から萩太郎山往復だけにして、南アルプスの展望を楽しむといい。帰路の草原下りには子どもも大喜びのはず。

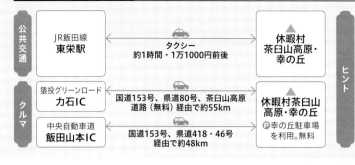

| | | | |
|---|---|---|---|
| 公共交通 | JR飯田線 **東栄駅** | タクシー 約1時間・1万1000円前後 | ▲ **休暇村 茶臼山高原・ 幸の丘** |
| クルマ | 猿投グリーンロード **力石IC** | 国道153号、県道80号、茶臼山高原道路(無料)経由で約55km | **休暇村茶臼山 高原・幸の丘** P幸の丘駐車場を利用。無料 |
| | 中央自動車道 **飯田山本IC** | 国道153号、県道418・46号経由で約48km | |

**ヒント** マイカー向きの山だが、休暇村のホテル・コテージに宿泊する場合は、JR飯田線東栄駅から無料送迎バスがある。要予約。幸の丘駐車場のトイレは平日、利用できないことがある。その際は休暇村のトイレを利用する。

**プロフィール** 休暇村茶臼山高原をはさんで南北にそびえる、愛知県の標高1位と2位の2山を続けて歩く。茶臼山の後半こそ登山道らしくなるが、それ以外は草原ハイクの趣き。頂上からの眺めはいずれも大きく広がり、南アルプスのほぼ全容を見渡せる。

▲ 木段の急坂を登り
展望台のある茶臼山へ

**❶幸の丘**にある駐車場から、西登山ルートと書かれた看板にしたがって園地のなかをゆるやかに登っていく。気持ちのいい草原状の道を行くと、ほどなく左手の草むらに茶臼山を示す道標が現れる。右手寄りの丘の上に立つ1本のカエデの木をめざして登ろう。登り着いたカエ

茶臼山に登る途中のブナやカエデの森

デの木の周辺は「自由の広場」と呼ばれるところ。広々とした草原になっていて、ベンチやテーブルも置かれている。振り返れば、萩太郎山がなだらかな姿を見せている。

道はここから森に入る。登山道も一変し、俄然、山らしくなる。ブナ林のなかの木段を登ると右に見晴台が現れるが、いまは立ち寄る人も少ないようで、草ぼうぼうになっている。

見晴台から道は傾斜を増してゆく。途中に現れる分岐は道標に従って、左の階段状の急な木段を登るが、この先、尾根筋に登り上げるまでは一部が急坂になっている。濡れているときや下りでは、スリップに十分注意したい。尾根に上がると笹原の明るい道となり、わずかな時間で**❷茶臼山**の頂上に立つ。

頂上には展望台があり、奥三河の山々や萩太

カエデの木が立つ自由の広場へと登る

←茶臼山の頂上から見た萩太郎山。右の草原を登る
↑茶臼山の尾根に立つ道標
→茶臼山頂上にある展望台

郎山、茶臼山高原牧場が間近に望め、遠方には南アルプスを望むこともできる。頂上から北東方向に少し行くと別の展望台もあったが、老朽化のため現在、使用禁止となっている。

### スキー場の草原をたどって 南アルプスの眺めを楽しむ

茶臼山頂上からは、幸の丘まで往路を戻る。「自由の広場」までは木段での転倒やスリップに注意して下ろう。

❶ 幸の丘（さいわい・おか）に戻ったら、次は萩太郎山を目指す。萩太郎山へは、特にこれといった登山コースはなく、愛知県で唯一のスキー場である茶臼山高原スキー場のゲレンデを登るといったほうがいいだろう。

幸の丘から南に見える草原がゲレンデで、ここは好きなところを歩いてかまわない。傾斜もそれほどきつくないので、疲れることもないだろう。ただし、草原のところどころには鹿のフンが落ちている。特に下部に多いようなので、これが嫌な人は、左手を通る整備用車道を歩くといい。どちらを歩いても萩太郎山の頂上手前で合流する。

たどり着いた❸萩太郎山（はぎたろうやま）はリフトの終点でもあり、「天空の花回廊」と呼ばれる日本最高

萩太郎山頂上にある「恋人の聖地」プレート。後ろは茶臼山

### COLUMN
## ピンクや白の絨毯がひろがる 茶臼山高原芝桜の丘

日本で最も高所にある芝桜のお花畑。約40万株の芝桜が植えられ、5月上旬〜6月上旬には屋台も立ち並ぶ芝桜まつりが開催される。芝桜まつり期間中のリフト運行は8時30分〜18時で、他の時期は、平日11〜16時、土・日曜、祝日は9時〜16時30分。往復800円、片道500円。☎0536-87-2345。

茶臼山高原には萩太郎山への夏山リフト（片道500円・往復800円）もあり、茶臼山登山で疲れたらリフトで登ることもできる。幸の丘駐車場には飲料の自動販売機や軽食のとれるレストランがある。

萩太郎山から眺めた南アルプス南部の山々

所の芝桜が大人気だ。さらに秋の紅葉、冬のスノーハイクと1年中、観光客で賑わっているが、見逃せないのは頂上からのさえぎるもののない南アルプスの眺めだ。聖岳や赤石岳など南アルプス南部の高峰の大きな姿は、愛知・長野県境の間近に立っていることを教えてくれる。下りは往路を戻る。　　　　（取材／森田秀巳）

立ち寄りスポット

## 休暇村茶臼山高原
きゅうかむらちゃうすやまこうげん

茶臼山と萩太郎山の山麓にある休暇村。ホテル、コテージ、キャンプ場の宿泊施設があり、ホテル内の超軟水湯「たんとたんとの湯」では、温泉ではないものの日帰り入浴が楽しめる。アクセス不便な山なので、高原の宿に1泊して奥三河鳳来牛料理に舌鼓を打つのもおすすめだ。宿泊料金もリーズナブル。入浴料500円。15〜20時。

| ❶幸の丘 | 0:45 | ❷茶臼山 | 0:30 | ❸幸の丘 | 0:40 | ❹萩太郎山 | 0:25 | ❶幸の丘 |
|---|---|---|---|---|---|---|---|---|

**愛知県**

| 歩 行 時 間 | **2**時間**35**分 |
|---|---|
| 登山難易度 | **初級** |

# 天狗棚
てんぐだな

技術度 ★★☆　体力度 ★☆☆

天狗棚展望台から見た奥三河の山々と旧津具村の集落

## 登山データ

| 標　　高 | **1240** m |
|---|---|
| 総歩行距離 | **4.3** km |
| 累積標高差 | 上り： **366** m<br>下り： **366** m |

### 問合せ先

設楽町津具総合支所
☎0536-83-2301
設楽町観光協会
☎0536-62-1000
東栄タクシー（要予約）
☎0536-79-3405

❶ 駐車場 面ノ木第3園地
❷ 天狗棚展望台
❸ 天狗棚 1240m
❹ 1200高地
❸ 天狗棚 1240m
❷ 天狗棚展望台
❶ 駐車場 面ノ木第3園地

4.3km

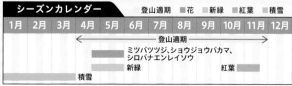

### シーズンカレンダー

登山適期　■花　■新緑　■紅葉　■積雪

| 1月 | 2月 | 3月 | 4月 | 5月 | 6月 | 7月 | 8月 | 9月 | 10月 | 11月 | 12月 |
|---|---|---|---|---|---|---|---|---|---|---|---|

登山適期

ミツバツツジ、ショウジョウバカマ、シロバナエンレイソウ

新緑　　　紅葉

積雪

天狗棚展望台の前後にある鉄階段と、1200高地への分岐だけ気をつければ、注意箇所は特にない。天狗棚と1200高地の間の鞍部付近から西に下る道があるが、ここは入らないこと。

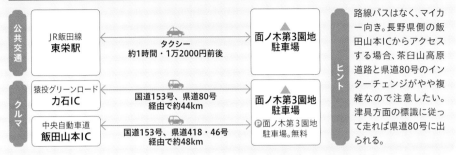

ヒント 路線バスはなく、マイカー向き。長野県側の飯田山本ICからアクセスする場合、茶臼山高原道路と県道80号のインターチェンジがやや複雑なので注意したい。津具方面の標識に従って走れば県道80号に出られる。

プロフィール 昔から天狗の住む山といわれ、地元の人たちから崇められてきた。展望こそ天狗棚展望台以外では開けないが、天狗棚の頂上周辺は美しいブナ林となっていて、新緑の頃は鮮やかな黄緑色に包まれる。奥三河八名山の一山でもある。

### 展望台で眺めを楽しみ
### ブナ林に包まれた天狗棚へ

❶**面ノ木第3園地駐車場**から未舗装の林道を渡って登山道に入る。樹林に囲まれた道はほどなく九十九折となり、少しの間、ややきつい登りが続く。歩き始めなのでゆっくりと。石の広場への道を右に分け、なおも登ると鉄階段が連続して現れる。慎重に登れば危険はないが、

天狗棚から1200高地にかけてのブナ林

出発点となる緑あふれる面ノ木第3園地

濡れているときはスリップに気をつけたい。

階段が終わり、石の広場への別の道を右に分けると、目の前に天白神社と書かれた古い鳥居が現れる。鳥居をくぐってひと登りすれば❷**天狗棚展望台**に到着する。南側の大きな展望が広がり、奥三河の山々、そしてそれらの山々の間に旧津具村の集落を見おろすことができる。

展望台からまた鉄階段を登れば、尾根筋の道となる。新緑の頃は気分のいいところだ。いったん小さなピークを越え、面ノ木峠駐車場への道を左に見送る。緩急のある木段を登ればやがて❸**天狗棚**の頂上に到着する。

頂上はピークといった雰囲気ではなく、また、樹林に囲まれ展望もまったくないが、木々の隙間から差し込む日の光がやさしい。疲れを感じるほどの距離を歩いてきたわけではない

←カエデとの混生
林のブナの大木を
仰ぎ見る
↑1200高地下の道
標。迷わないよう
にしたい
→鳥居下の鉄階段

が、ひと休みといこう。ここから1200高地までは一度大きく下り、また登り返さなければならない。

### 広い尾根道をたどり 1200高地を往復する

天狗棚からは北方向へとゆるやかに下る。しばらくは美しいブナ林の道だ。道はだんだんと傾斜を強め、木段をからめた下りが続く。やがて道はいったん平らになり、ここからなだらかなピークを越える。道はまた広々とした鞍部に至るが、このあたりは湿地のようにじめじめしたところで、雨のあとなどは固い地面を選んで歩かないと靴がどろどろになる。

鞍部からゆるやかに登り返すと、細長い道標が立つ地点に着く。この道標には1200高地の文字も書かれているが、ちょっとわかりにくい道標で（上の写真参照）、矢印どおりに行くと来た道を戻ってしまうことになる。一方で、もうひとつの矢印は稲武野外教育センターを示していて、左へとゆるやかに下っていく道は、まったく違う場所に登山者を連れていってしまうので注意したい。ロスをしないよう、この道標を見たら、そのすぐ先から右を見上げてみよう。笹原の間に細い急傾斜の道が続いている。

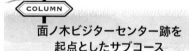

### COLUMN

## 面ノ木ビジターセンター跡を 起点としたサブコース

歩行距離はやや長くなるが、面ノ木ビジターセンター跡から木地師屋敷跡や数多くの種類の花が咲く面ノ木湿原、石の広場を経て天狗棚展望台へと登るコースもおすすめ。無料駐車場もある。また、天狗棚西側の面ノ木第1園地駐車場から天狗棚に登るコースは最短路だが、天狗棚展望台は通らない。

天狗棚の尾根道を歩く子どもたち

コース
MEMO
天狗棚は奥三河名山八選のひとつ。名山八選の他の山は風切山、碁盤石山、明神山（三ツ瀬）、茶臼山、八嶽山、宇連山、竜頭山だが、本書ではこのうち4山を紹介している。

木漏れ日のさす天狗棚頂上

ここを登りきれば天狗の奥山とも呼ばれる❹
**1200高地**に到着する。天狗棚同様、展望はないものの、広々として休憩には好適だ。

1200高地からは天狗棚まで往路を登り返すことになる。また、天狗棚展望台周辺の鉄階段が雨などで濡れているときはスリップしないよう慎重に。　　　　　　　（取材／森田秀巳）

### COLUMN

## 緑のダムといわれるブナ林

　天狗棚でも多く見られるブナ林は、ブナを中心にミズナラ、カエデなど落葉広葉樹が生える森の総称で、動植物にとって最も住みやすい森だ。ブナは日本海側の多雪山地に多く生育する樹木で、大規模な原生林が残るのは日本とヨーロッパ、北アメリカ東部のみともいわれている。かつては大規模伐採にさらされたが、天狗棚のブナ林は比較的若い樹。これからの成長が楽しみだ。

| ❶面ノ木第3園地駐車場 | → 0:25 | ❷天狗棚展望台 | → 0:20 | ❸天狗棚 | → 0:35 | ❹1200高地 | → 0:40 | ❸天狗棚 | → 0:15 | ❷天狗棚展望台 | → 0:20 | ❶面ノ木第3園地駐車場 |
|---|---|---|---|---|---|---|---|---|---|---|---|---|

愛知県

| 歩 行 時 間 | **5**時間**50**分 |
| --- | --- |
| 登山難易度 | **中級** |

# 日本ヶ塚山
にほんがつかやま

技術度 ★★☆　体力度 ★★☆

日本ヶ塚山頂上より東側の山並みを望む

## 登山データ

| 標　　　高 | **1108**m |
| --- | --- |
| 総歩行距離 | **6.8**km |
| 累積標高差 | 上り：**944**m<br>下り：**944**m |

## 問合せ先

豊根村富山支所
☎0536-89-2011
古里とみやまバンガロー村
☎0536-89-2007
水窪タクシー（要予約）
☎053-987-0118

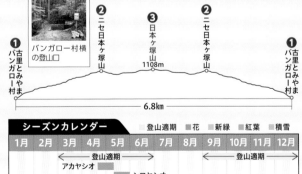

バンガロー村横の登山口

❶ 古里とみやまバンガロー村
❷ ニセ日本ヶ塚山
❸ 日本ヶ塚山 1108m
❷ ニセ日本ヶ塚山
❶ 古里とみやまバンガロー村

6.8km

## シーズンカレンダー

■登山適期　■花　■新緑　■紅葉　■積雪

| 1月 | 2月 | 3月 | 4月 | 5月 | 6月 | 7月 | 8月 | 9月 | 10月 | 11月 | 12月 |
| --- | --- | --- | --- | --- | --- | --- | --- | --- | --- | --- | --- |

←――登山適期――→　←――登山適期――→
アカヤシオ
シロヤシオ
新緑
紅葉
積雪

コースMEMO　日本ヶ塚山～中沢登山口間は2014年6月から崩落による通行止めが続いているので、登山の際は事前に役場へ確認を。登山口にその表示があった場合は、バンガロー村からの往復登山にとどめること。

| | | | | |
|---|---|---|---|---|
| 公共交通 | JR飯田線 **中部天竜駅** | タクシー 約1時間20分・1万円前後 | ▲ **古里とみやま バンガロー村** | |
| クルマ | 三遠南信自動車道 **鳳来峡IC** | 国道151号、県道1・426号 経由で約46km | ▲ **古里とみやま バンガロー村** Ⓟ登山口付近に 約20台。200円 | ヒント |

タクシーの場合、運賃・時間ともかかり、またJR飯田線の本数も少なく、公共交通でのアクセスはおすすめできない。バンガロー村営業期間中(4〜10月)の駐車場利用は管理棟に連絡を。駐車場は中沢登山口にも約20台分(無料)。

---

**プロフィール** 三遠南信自動車道・鳳来峡ICから登山口までが遠く、愛知県最奥の秘境と言ってもよい場所にある山である。ほとんどが植林帯だが、ニセ日本ヶ塚山と日本ヶ塚山の稜線はシロヤシオ、アカヤシオの群生地でもある。頂上から南アルプスも望める。

植林帯を黙々と登り
ニセ日本ヶ塚山のピークへ

県道426号沿いにある**❶古里とみやまバンガロー村**の駐車場脇が登山口になる。バンガロー村の営業期間外は近くのテニスコート跡にしか公衆トイレはないので、登山口に行く前にここを利用しておこう。

登山口を入るとすぐに九十九折の急登が始ま

ニセ日本ヶ塚山〜日本ヶ塚山間のハシゴ場

る。薄暗い植林帯の急登がしばらく続き、少々堪えることだろう。九十九折が終わり、尾根に乗るといったん急登は終わる。ただその後も展望のない植林帯の登山道は続き、ところどころ急登も現れる。

景色の変わらない長い登りを黙々とこなし続けていると、やがて尾根が右から合流してくる。迷い込まないように表示があるので問題はないと思うが、下山時、この尾根に入っていかないよう気をつけたい。

そこからは南面が開けようやく展望が得られる。もうひと登りすると再び右から尾根が合流してくる。こちらはキビウ峠へ続く登山道だが、そちらの登山道も崩落により通行止めになっている。

合流の後はすぐに**❷ニセ日本ヶ塚山**に到着

古里とみやまバンガロー村。登山の前後の宿泊も楽しそう

43

←開けていて気持ちいい日本ヶ塚山の頂上
↑ニセ日本ヶ塚山～日本ヶ塚山間にはロープ場もある
→頂上下の中沢コース分岐。通行止めの場合は往路を戻ること

する。小さなピークだがベンチがあるので休憩しておこう。

この先は急なアップダウンもあり、思いのほか、簡単には日本ヶ塚山には着かない。疲れが癒えたならば先に進む。

### 急なアップダウンを頑張り好展望の山頂に立つ

ニセ日本ヶ塚山からは、いきなりの急な下りから始まる。ところどころにロープも張られているので慎重に下っていこう。いったん下りきると、ロープが張られたハシゴが現れる。ハシゴは簡単に登れるが、その先は左側が切れ落ちているので慎重に歩いたほうがいい。

ここから先も急な下り、急な登り、両側の切れている箇所などが多々ある。滑りやすい砂地もあるので注意をしながら歩くこと。なお、この区間はアカヤシオとシロヤシオが自生しているので花期の山行もおすすめである。

思わぬ険しい道で少々疲れがたまってきた頃、左手に中沢からの登山道が合流してくる。その分岐から❸日本ヶ塚山（にほんがつかやま）の頂上はすぐである。展望のよい山頂で、北から東回りで180度の景色が楽しめる。高山に雪がある時期であれば南アルプスもよくわかることだろう。

快適な山頂でゆっくりしたら下山にかかる。コースMEMOにも記述したように、山頂から中沢登山口までの道が未だ通行止めである場合は、往路を戻ることになる。

頂上からはまず、中沢から登ってくる道との合流点まで戻る。ここをニセ日本ヶ塚山方面に向かえば、往路を引き返すだけの行程となるが、日本ヶ塚山～ニセ日本ヶ塚山間のハシゴやロープ場では、くれぐれも慎重に歩を進めたい。

また、ニセ日本ヶ塚山の頂上から少し下った

---

### 立ち寄りスポット

## 湯の島温泉
ゆのしまおんせん

登山口から佐久間湖方面に約3km、秘境にある秘湯とも呼ばれる奥三河のかくれ湯。筋肉痛、関節痛、疲労回復などに効能があるといわれているので、登山後にはもってこいだ。露天風呂で汗を流した後は、座敷の休憩所でゆっくりしよう。
☎0536-89-2007。入浴料440円。13～19時。土・日曜、祝日の営業。

---

  佐久間湖に面した山村体験宿泊施設「とみやま来富館」では宿泊、食事、カヤックのレンタルなどができる。近くには湯の島温泉がある。☎0536-89-2007。月曜（祝日の場合は翌日）・年末年始休。

地点で左に尾根が分岐するところでは、迷い込み防止のための表示があるとはいえ、不用意に入り込んでしまわないよう注意してほしい。

あとは植林帯の長い尾根を**❶古里とみやまバンガロー村**に向かって下るだけだが、疲れもたまっているはずなので、転倒やスリップに十分注意して下ろう。　　　（取材／古林鉄平）

展望のないニセ日本ヶ塚山の頂上

| ❶ 古里とみやまバンガロー村 | 2:10 | ❷ ニセ日本ヶ塚山 | 1:10 | ❸ 日本ヶ塚山 | 1:00 | ❷ ニセ日本ヶ塚山 | 1:30 | ❶ 古里とみやまバンガロー村 |
|---|---|---|---|---|---|---|---|---|

**日本ヶ塚山**

1:25,000
0　　250　　500m
1cm=250m
等高線は10mごと
N

みどり湖

佐久間湖
湯の島温泉

・606

広川原

有料

漆島川

漆島

瀬戸

中沢登山口

P

テニスコート跡

**古里とみやまバンガロー村 ❶**

植林帯のきつい登り

2:10
1:30

展望のない植林帯の登り

・708

コース崩壊と木橋落下のため、当分通行止め。解除は未定なので、事前に役場へ確認を

11

**愛知県
豊根村**

下山時、こちらの尾根に入り込まないよう注意

ニセ日本ヶ塚山〜日本ヶ塚山間はハシゴ、やせ尾根、登下降が連続する。慎重に歩くこと

・889

**❷ニセ日本ヶ塚山**
△1065

1:00
1:10

**❸日本ヶ塚山**
△1108

・1109

アカヤシオ、シロヤシオ

中沢からの道と合流してから頂上へと向かう

・892

# 9　岩古谷山

東海自然歩道が通る迫力ある岩稜の山

**愛知県**

| 歩 行 時 間 | 5時間50分 |
| --- | --- |
| 登山難易度 | 初級 |

岩古谷山
いわこややま

技術度 ★★☆ 体力度 ★★☆

木々の隙間から見える岩古谷山東壁。岩壁上に登山道が続く

## 登山データ

| 標　　高 | 799m |
| --- | --- |
| 総歩行距離 | 10.4km |
| 累積標高差 | 上り：887m 下り：887m |

## 問合せ先

設楽町産業課
☎0536-62-0527
設楽町観光協会
☎0536-62-1000
東栄タクシー（要予約）
☎0536-79-3405

登山口。左側に駐車スペースあり

❶和市登山口 ❷堤石峠 ❸岩古谷山799m ❹御殿岩 ❺びわくぼ峠 ❻塩津登山口 ❶和市登山口

10.4km

## シーズンカレンダー

登山適期 ■花　■新緑　■紅葉　■積雪

| 1月 | 2月 | 3月 | 4月 | 5月 | 6月 | 7月 | 8月 | 9月 | 10月 | 11月 | 12月 |
| --- | --- | --- | --- | --- | --- | --- | --- | --- | --- | --- | --- |

←登山適期→　　←登山適期→
新緑
紅葉
積雪

46

コースMEMO　和市登山口から御殿岩手前までの間は春〜秋、ヤマビルが出る。苦手な人は春先や晩秋の寒い時期に登ることをおすすめしたい。夏期、特に梅雨時に行く場合はしっかりした対策を。

| | | | | |
|---|---|---|---|---|
| 公共交通 | JR飯田線<br>**東栄駅** | 🚕<br>タクシー<br>約50分・7500円前後 | ▲<br>**和市登山口** | |
| クルマ | 三遠南信自動車道<br>**鳳来峡IC** | 🚗<br>国道151・437号経由で32km | ▲<br>**和市登山口**<br>🅿登山口付近に<br>約10台。無料 | ヒント |

**プロフィール** 東海自然歩道の三大難所のひとつに挙げられている。見るからに岩壁の険しい山容だが、道はしっかり整備されているので人気の山だ。堤石峠から岩古谷山までの登山道は急登ではあるが展望もよく、気分よく登ることができるだろう。

### 十三曲がりと岩場を越えて展望のよい岩古谷山へ

ここでは少し長めのコースを紹介するが、岩古谷山のみの山行にしたい場合は、岩古谷山頂上から堤石トンネル方面に下山すれば短い周回コースになる。逆にもっとロングコースにしたい場合は、びわくぼ峠から四谷千枚田が山麓に広がる鞍掛山をピストンするといい。

東壁に付けられた桟道を元気に歩く

展望のいい登山道なので急登も苦にならない

❶**和市登山口**から民家の横を通って歩き出すとすぐに林道に出る。手前には公衆トイレもある。古い建物ではあるが利用はできる。再び登山道に入るがよく整備された広い道だ。

少し行くと十三曲がりとの表示があり、九十九折の道が続く。とはいえここも非常に歩きやすく、急登はない。ジグザグと13の折り返しをこなすとほどなく❷**堤石峠**である。風も通りベンチもあるので登り始めの汗を引かせるにはよい場所だ。峠からひと登りすると荒々しい岩古谷山の東壁が見えてくる。

ここを登るのかと一瞬、躊躇するが、しっかりした階段や桟橋などが付いているので心配することはない。急な木製の階段を下ると、先ほどの絶壁に付けられた鉄製の階段の登りになる。しっかりと整備されているが、慎重に行動

←岩稜のやせ尾根もステップがあって問題はない
↑岩古谷山頂上から見た三ツ瀬明神山
→びわくぼ峠の手前は気持ちいい道

するに越したことはない。

　絶壁の上に出ると岩稜のやせ尾根になる。岩にはステップが切られ、両側に手すりも付いているがここも注意して歩いたほうがいい。険しい雰囲気の道ではあるが、東面が開け展望は最高である。近くには平山明神山、少し離れて三ツ瀬明神山が堂々たる山容を見せている。

　景色を楽しみながら歩けば間もなく❸岩古谷山（いわこややま）の山頂に到着する。山頂も展望はよくベンチもあるのでひと休みしていこう。なお、冒頭に書いたように短縮周回コースにしたい場合は、東海自然歩道の案内板にルートが記載されているので確認しておくといい。堤石トンネルへの道標に従えば問題なく歩けるだろう。クサリ場や不動滝などもあり面白いコースだ。

 尾根伝いにびわくぼ峠へ
峠から塩津の集落に下る

　休憩後は鞍掛山方面へ。いきなりの急階段を下った後は雰囲気のよい樹林帯の歩きになる。アップダウンはあるがさほど急ではない。しばらく行くとベンチのあるミヨジ峠。そこからもう少し行くと木々が刈られた鉄塔に出る。再び樹林をなだらかに行くと、荒尾集落への

分岐に出る。ここが岩古谷山とびわくぼ峠の中間点になる。分岐から御殿岩までは岩場の急登が連続する。通過困難な場所はないが、バテないように焦らずに歩くこと。たどり着いた❹御殿岩（ごてんいわ）には広いスペースがあるので、ひと休みするといい。その後も少しのアップダウンの後、ようやく❺びわくぼ峠（とうげ）に到着する。樹林帯のわりに風通しがよく、ベンチとトイレもあるので下山に備えてゆっくりしよう。

　このびわくぼ峠から鞍掛山へは、1時間ほどで往復することができる。歩き足りない場合は

立ち寄りスポット

## とうえい温泉 花まつりの湯
とうえいおんせん　はなまつりのゆ

　国道473号を東栄町役場方面に約15km、露天風呂、源泉風呂、サウナなど多彩な浴槽が楽しめるほか、食事処や物産コーナーも充実している人気の日帰り温泉施設。隣には宿泊施設である「とうえい健康の館」がある。☎0536-77-0268。入浴料700円。10〜21時。水曜休（祝日の場合は営業）。

 びわくぼ峠の南西に位置する鞍掛山の南西麓に広がる四谷集落には、標高220m付近から標高420m付近まで棚田が広がる四谷の千枚田があり、まさに日本の原風景といった風情を残している。駐車場あり。

寄って行くのもいいだろう。

　ここでは塩津方面へ下山する。九十九折の急坂をしばらく下っていくと、道はなだらかになり車道に出る。ほどなく❻塩津登山口で、ここから車道をそのまま進むと諏訪神社。案内板に従って車道を1時間ほど歩けば❶和市登山口へ戻ることができる。　　（取材／古林鉄平）

ベンチとトイレのあるびわくぼ峠

| ❶和市登山口 | → 0:40 | ❷堤石峠 | → 0:30 | ❸岩古谷山 | → 2:00 | ❹御殿岩 | → 0:40 | ❺びわくぼ峠 | → 0:40 | ❻塩津登山口 | → 1:20 | ❶和市登山口 |

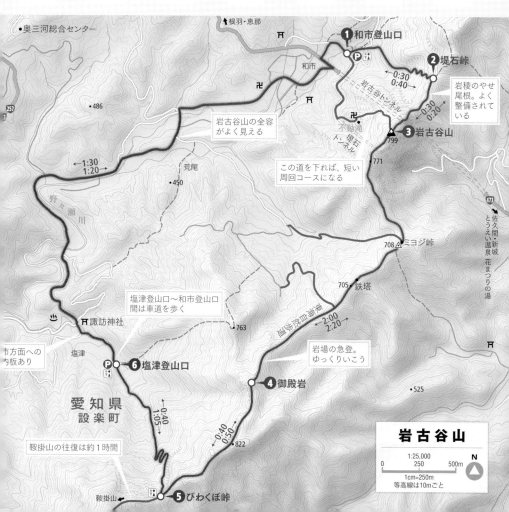

岩古谷山

1:25,000
0　250　500m
1cm=250m
等高線は10mごと

愛知県

# 三ッ瀬明神山
みつせ
みょうじんやま

| 歩 行 時 間 | 4時間20分 |
|---|---|
| 登山難易度 | 中級 |

技術度 ★★☆　体力度 ★★☆

馬の背岩から鳳来湖方面を眺める。馬の背岩はコース最初の展望地

## 登山データ

| 標　　　高 | 1016m |
|---|---|
| 総歩行距離 | 5.3km |
| 累積標高差 | 上り：704m<br>下り：704m |

## 問合せ先

東栄町経済課
☎0536-76-1812
東栄町観光まちづくり協会
☎0536-76-1780
東栄タクシー（要予約）
☎0536-79-3405

❶三ッ瀬登山口
❷三ッ瀬峠（二合目）
❸六合目
❹三ッ瀬明神山 1016m
❸六合目
❷三ッ瀬峠（二合目）
❶三ッ瀬登山口

5.3km

## シーズンカレンダー

登山適期　■花　■新緑　■紅葉　■積雪

| 1月 | 2月 | 3月 | 4月 | 5月 | 6月 | 7月 | 8月 | 9月 | 10月 | 11月 | 12月 |
|---|---|---|---|---|---|---|---|---|---|---|---|

←――――登山適期――――→　　　　←―――登山適期―――→
ホソバシャクナゲ
アカヤシオ
新緑
紅葉
積雪

**コースMEMO**　今回紹介した三ッ瀬コース、そして乳岩コース以外は春から秋にかけてヤマビルが出没する。他のコースを歩く場合は、塩やヤマビル忌避剤を準備するなどしっかりと対策をしよう。

| 公共交通 | JR飯田線 東栄駅 | ← タクシー 約20分・3000円前後 → | ▲ 三ッ瀬登山口 |
| クルマ | 三遠南信自動車道 鳳来峡IC | 国道151号、町道隧道口三津瀬線 経由で約15km → | ▲ 三ッ瀬登山口 ℗登山口手前に 駐車スペース 約5台。無料 |

**ヒント** 国道151号の新本郷トンネル手前を左折するとすぐに道が左右に分かれるが、右上の道を行く。なお、国道151号の三ッ瀬口には町営バスも通っているが、本数が少なく、公共交通を利用する場合はタクシーがおすすめ。

**プロフィール** 他の山から見る山容のすばらしさもさることながら、登山コースの充実や山頂からの大展望など、どこをとっても人気の山であることが納得できる。その山名からも推測できるように、険しい山容も相まって信仰の山としても昔から登られていた。

### ▲ 沢筋から尾根に取り付き クサリやハシゴのある岩場を行く

三ッ瀬明神山は昔から信仰登山が盛んであり、現在も人気のある山として整備が続けられているので登山コースは多くある。代表的なコースは4本で、三ッ瀬、乳岩、柿野、栃木木沢がそれぞれ登山口になる。今回は最も信仰登山が盛んであった、その山名にも冠される三ッ瀬登

コース半ばの鉄バシゴ。登山靴が置きづらいので注意

山口からのルートを紹介する。

登山者ノートに記入をし、林道を奥に進む。薄暗い林道であるが間もなく大きな❶三ッ瀬登山口の看板が現れる。登山道に入るとすぐに沢の徒渉になる。小さな沢だが、転ばないように注意して渡ろう。

沢を渡るとなだらかにまっすぐに延びる気持ちのいい道になる。ほんの少し斜度が増したところで、濫觴の水と名付けられた水場に着く。濫觴とは孔子の言葉であり、物事の始まり、起源、などを示す言葉である。水場にこのような珍しい言葉が使われているのも信仰登山の頃からの名残であろうか。

その後、道が徐々に急になっていくとともにだんだんと稜線が近づいてくる。ロープとハシゴのついた岩場を越えると二合目である❷三

岩場以外は気持ちのいい登山道が続く

←岩場が濡れていたら左側の巻き道を登る
↑馬の背岩。両側が切れ落ちているので慎重に
→頂上の展望台。公衆トイレもある

ッ瀬峠に到着する。ベンチなどはないが風の通りもいいのでひと息つける場所だ。

ここからは尾根通しの道となる。峠から少し行くと急登が始まり、大きな一枚岩に長いクサリがかかる。岩が湿っているときは滑るので、左手奥の岩を避ける踏み跡を登るといい。

ここを手始めにハシゴやクサリ場が連続する。毎年のように死亡事故も起きているので慎重な行動を。特に下りでは気を引き締めよう。

シャクナゲ群生地の看板まで行けば、岩場などはいったん終了する。この尾根はシャクナゲだけでなくヤマツツジやアカヤシオも咲くので花期もおすすめだ。落ち着いたなだらかな道になると五合目の看板が現われ、そこからたいして歩くこともなく、乳岩からの道と合流する❸六合目に着く。休憩にいい場所だ。

**馬の背岩を通過し
最高の展望が待つ山頂へ**

六合目からはいったん、なだらかに下る。その後もゆるいアップダウンが続くが、すぐにほぼ垂直なクサリ場に着く。ここからはまたクサリ場やハシゴが連続するので気持ちを切り替えよう。大きな岩場はいずれも岩を避ける踏み跡

もあるので、岩が濡れていたり、よじ登るのが不安な場合はそちらを行くといいだろう。

最後に待つ長いハシゴを登ると馬の背岩に出る。左右が切れ落ちているが狭くはないので問題なく通過できる。ここでこのコース初めての展望が得られ、鳳来湖や宇連山が望める。馬の背岩を越えると九合目の表示があり、山頂まではすぐである。

木々の隙間からオレンジ色の展望台が見えてきたら❹三ッ瀬明神山の山頂に到着だ。頂上には展望台のほかトイレも設置されていてあり

立ち寄りスポット

## 設楽城跡
したらじょうせき

三ッ瀬明神山の北東、東栄町役場近くにあり、愛知県に残る山城としては最古のものの一つ。戦国時代にはすでに廃城になっていたが、平安末期から鎌倉初期の形式をいまも残す。本丸跡の三方は断崖になっていて、堀切や土塁、本丸跡をめぐる遊歩道も整備されている。愛知県指定の史跡。

頂上の展望台から北面を眺める

がたい。さっそく展望台に登ろう。南西以外はすべて開け、最高の展望が広がる。南アルプスの山座同定の案内図もあり、南アルプスが冠雪する時期ならば、高峰たちをじっくりと眺めることができるだろう。展望を楽しんだら来た道を引き返すが、クサリ場やハシゴの通過はくれぐれも慎重に。　　　　　（取材／古林鉄平）

## 立ち寄りスポット

# 兎鹿嶋温泉 湯～らんどパルとよね
とがしまおんせん ゆーらんどぱるとよね

国道151号を北方向に約17km、隣の豊根村にある天然温泉で、レストランや物産店、カラオケルームなどの施設が充実している。「美人の湯」として知られ、レストランでは人気の新豊根ダムカレーや石焼ビビンバをはじめ、山里の食材を使ったメニューが勢揃いする。☎0536-85-1180。入浴料600円。10～21時。木曜休（祝日の場合は翌日）。

❶三ッ瀬登山口 →0:45→ ❷三ッ瀬峠（二合目） →0:50→ ❸六合目 →0:55→ ❹三ッ瀬明神山 →0:40→ ❸六合目 →0:40→ ❷三ッ瀬峠（二合目） →0:30→ ❶三ッ瀬登山口

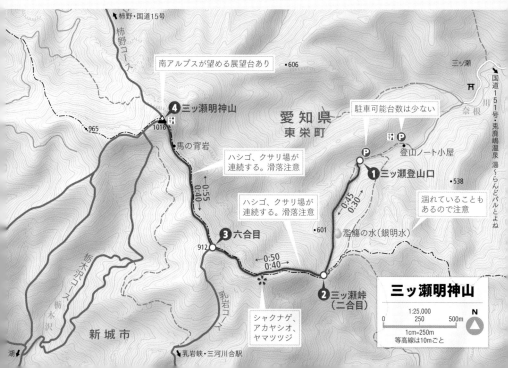

柿野・国道15号

柿野コース

南アルプスが望める展望台あり

・606

三ッ瀬

国道151号・兎鹿嶋温泉 湯～らんどパルとよね

❹三ッ瀬明神山
1016
・965

馬の背岩

愛知県
東栄町

駐車可能台数は少ない

登山ノート小屋

0:55
0:40

ハシゴ、クサリ場が連続する。滑落注意

❶三ッ瀬登山口

0:45
0:30

・538

ハシゴ、クサリ場が連続する。滑落注意

涸れていることもあるので注意

❸六合目
912

・601

濫觴の水（銀明水）

0:50
0:40

栃木沢コース

新城市

乳岩コース

❷三ッ瀬峠（二合目）

シャクナゲ、アカヤシオ、ヤマツツジ

# 三ッ瀬明神山

1:25,000
0  250  500m
1cm=250m
等高線は10mごと

N

乳岩峡・三河川合駅

# 宇連山
うれやま

| 歩行時間 | **7**時間**40**分 |
|---|---|
| 登山難易度 | **中級** |

技術度 ★★☆ 体力度 ★★★

尾根からは奥三河の山々が望める。中央の山はめざす宇連山

## 登山データ

| 標　　高 | **930**m |
|---|---|
| 総歩行距離 | **12.9**km |
| 累積標高差 | 上り：**1066**m／下り：**1066**m |

### 問合せ先

新城市鳳来総合支所
☎0536-22-9933
新城市観光協会
☎0536-29-0829
愛知県民の森モリトピア愛知
☎0536-32-1262

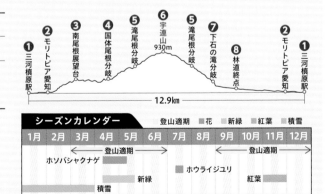

❶三河槙原駅 ❷モリトピア愛知 ❸南尾根展望台 ❹国体尾根分岐 ❺滝尾根分岐 ❻宇連山 930m ❺滝尾根分岐 ❼下石の滝分岐 ❽林道終点 ❷モリトピア愛知 ❶三河槙原駅

12.9km

### シーズンカレンダー

登山適期 ■花 ■新緑 ■紅葉 ■積雪

| 1月 | 2月 | 3月 | 4月 | 5月 | 6月 | 7月 | 8月 | 9月 | 10月 | 11月 | 12月 |
|---|---|---|---|---|---|---|---|---|---|---|---|

←――登山適期――→　　　　　　　―――登山適期―――
ホソバシャクナゲ
　　　　　　　　■ ホウライジュリ
　　　　　新緑　　　　　　　　　　　　　　紅葉
積雪

**コースMEMO** 酷暑期は今回紹介した南、西尾根は不向きである。サブコースはたくさんあるので、復路で下山した滝尾根コース（宇連山登山の最短路）なども含めて計画を立てるといい。

| | | | | |
|---|---|---|---|---|
| 公共交通 | JR飯田線 **豊橋駅** | 1時間7～30分・770円 | JR飯田線 **三河槙原駅** | |
| クルマ | 三遠南信自動車道 **鳳来峡IC** | 国道151号経由で5km | **モリトピア愛知 （愛知県民の森）** Ⓟモリトピア愛知に約200台。無料 | |

**ヒント** 県民の森入口のゲートは20時～7時まで閉鎖されているので注意すること。なお、県民の森の駐車場での車中泊は禁じられているため、前夜泊したい場合は県民の森内の宿泊施設かキャンプ場を利用することになる。

**プロフィール** 山名の「宇連」とはどんづまりや末端を表わす言葉である。いまは鳳来湖の湖底に沈む、山奥の宇連集落の裏山であったため付いた山名。山頂の展望もよく、奥三河でも人気の山だ。南、西、国体尾根は岩稜の尾根道で低標高ながらアルペンムードも漂う。

### 長い岩稜の尾根を行き 展望のよい山頂をめざす

❶**三河槙原駅**（みかわまきはらえき）から車道を歩き、愛知県民の森の宿泊施設❷**モリトピア愛知**（あいち）へ。駐車場からＢキャンプ場へ向かう。すぐに車道を鋭角に左折し、「歩道入口」の道標に従ってキャンプ場を突っ切る。ほどなく「南尾根遊歩道入口」の表示板が現れ、ここから登山道へ。

甲斐駒ヶ岳を思わせる岩稜の尾根道

東側の展望が開ける宇連山の頂上。現在の標高は930m

明るい林の快適な道はしばらく、ジグザクに高度を上げていく。不動滝上展望台を過ぎると尾根にのる。特徴のある岩稜の尾根で周囲も開けていて気持ちのよい道である。

南尾根に合流し、アップダウンをこなすと、あずま屋の立つ❸**南尾根展望台**（みなみおねてんぼうだい）に到着する。ここから先も支尾根と合流するたびにアップダウンが続き、なかなか標高は上がらない。その合流点だが、立ち入り禁止の看板は立つものの、登山道が直角に曲がる場所などがあるので支尾根に迷い込まないように注意したい。

岩稜の尾根は続き、切れ落ちている場所では登山道の両側にクサリが張られている。アルペン的で絵になる景色が続くが、転倒には十分気をつけよう。❹**国体尾根分岐**（こくたいおねぶんき）からはようやく登りが続くようになる。しばらく続いた登りが

←頂上からの南アルプス。中央が聖岳で、その右は上河内岳。左端は塩見岳
→亀石の滝。水量が多いときは迫力満点だ

終わり、いったん下ると滝沢分岐。そこから少し登ると❺**滝尾根分岐**になる。帰りはここから下るのでチェックしておこう。

続いて現れるのが北尾根分岐。宇連山へは直進する。再びの登り。アップダウンを繰り返してきた足には少々こたえるが、頂上まではもうひと頑張りである。

徐々に周囲に笹が出てきた頃、棚山高原との分岐になる。右は笹を切り開いた宇連山へと続く道。左は尾根沿いを下って棚山高原へと向かう道である。明るい左の道へ行きたくなるので注意が必要だ。

棚山高原分岐を右へ行き、最後の登りをこなせば❻**宇連山**の頂上に到着する。東側が開け、近くには三ッ瀬明神山、遠くには南アルプスも望める。景色を楽しみながら大休止といこう。

下りは最短ルートで
登り返しもなくのんびりと

帰路は❺**滝尾根分岐**まで来た道を戻る。分岐を鋭角に左に曲がり、滝尾根を下るコースに入る。ところどころに急斜面はあるが、全体的に整備されていて歩きやすい。

下り始めて最初に北尾根への分岐が現れる。

分岐は亀石の滝方面へ。次の❼**下石の滝分岐**も同じく亀石の滝方面へ向かう。ひとしきり尾根通しに下って行き、最後の急坂を下りきると亀石の滝に出る。落差32mの滝で、水量があるときはなかなかの迫力である。ここから15分ほど歩けば❽**林道終点**でトイレもある。

あとはモリトピア愛知まで1時間ほどの林道歩きになる。途中には県の木展示林や風穴もあるので、時間があれば見学しながら歩くのもいい。❷**モリトピア愛知**からは、往路を❶**三河槇原駅**まで戻ろう。　　　　　（取材／古林鉄平）

立ち寄りスポット

## 名号温泉うめの湯
みょうごうおんせんうめのゆ

鳳来峡ICからほど近い天然温泉。大浴場、露天風呂、気泡浴などいろいろな温泉浴を楽しめる。地元の旬の食材を提供する食堂や売店も設けられている。年間を通してイベントも開催しているので、HPをぜひチェックしておこう。☎0536-33-5126。入浴料720円。10〜20時。木曜・年末年始休。

MEMO　三河槇原駅の4つ手前、長篠城駅近くにある長篠城址史跡保存館は、長篠の戦いの発端になった長篠城の資料を展示している。☎0536-32-0162。入館料220円。9〜17時。火曜・年末年始休。

❶三河槇原駅 →0:15→ ❷モリトピア愛知 →1:00→ ❸南尾根展望台 →1:10→ ❹国体尾根分岐 →1:10→ ❺滝尾根分岐 →1:10→ ❻宇連山 →0:40→ ❺滝尾根分岐 →0:45→ ❼下石の滝分岐 →0:15→ ❽林道終点 →1:00→ ❷モリトピア愛知 →0:15→ ❶三河槇原駅

# 鳳来寺山
ほうらいじさん

| 歩 行 時 間 | **4**時間 |
|---|---|
| 登山難易度 | **初級** |

技術度 ★★☆ 体力度 ★★☆

馬の背岩展望台から振り返った鳳来寺山。ここからは本堂や東照宮も望める

## 登山データ

| | |
|---|---|
| 標　　高 | **682**m |
| 総歩行距離 | **6.9**km |
| 累積標高差 | 上り：**727**m<br>下り：**727**m |

## 問合せ先

新城市鳳来総合支所
☎0536-22-9933
豊鉄バス新城営業所
☎0536-24-1141
新城交通（ツジムラタクシー）
☎0536-22-1115

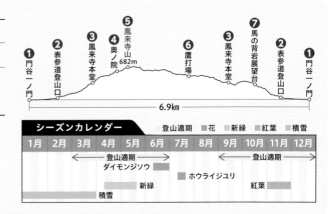

❶門谷一ノ門　❷表参道登山口　❸鳳来寺本堂　❹奥ノ院　❺鳳来寺山 682m　❻鷹打場　❸鳳来寺本堂　❼馬の背岩展望台　❷表参道登山口　❶門谷一ノ門

6.9km

### シーズンカレンダー

登山適期　■花　■新緑　■紅葉　■積雪

| 1月 | 2月 | 3月 | 4月 | 5月 | 6月 | 7月 | 8月 | 9月 | 10月 | 11月 | 12月 |
|---|---|---|---|---|---|---|---|---|---|---|---|

←──── 登山適期 ────→　　←──── 登山適期 ────→
ダイモンジソウ
■ホウライジユリ
新緑　　　　　紅葉
積雪

コース MEMO　鳳来寺本堂まではサブコースがいくつかあり、JR飯田線湯谷温泉駅から湯谷峠を経て歩く裏参道、三河大野駅からの東海自然歩道などは以前からよく歩かれている道だ。

| | | | |
|---|---|---|---|
| 公共交通 | JR飯田線 **本長篠駅** | タクシー 約15分・2500円前後 | ▲ 門谷一ノ門 |
| クルマ | 三遠南信自動車道 **鳳来峡IC** | 国道151号、県道32号 経由で約16km | ▲ 門谷一ノ門 Ｐ一ノ門駐車場 約50台。無料(有料日あり) |

**プロフィール**　1300年ほど前に利修仙人が開山したとされる霊山。703年建立の古刹、鳳来寺、そして「三東照宮」の一つともいわれる鳳来山東照宮で有名な山だ。「ブッポーソー(仏法僧)」と鳴くコノハズクでも知られるが、いまではあまり聞くことがなくなってしまった。

### ▲ 1425段の石段を登り 本殿から霊山の頂上へ

❶**門谷一ノ門**から表参道を歩いていく。門前町の面影は残し、かと言ってあまり派手に観光地化されておらず、雰囲気のよい道である。ところどころに鳳来寺とゆかりのあった人物の銅像などが置かれている。

数分も歩くと、国定公園の看板とともに石段

長い石段登りの末に到着する鳳来寺本堂

が現れる。ここが❷**表参道登山口**。左手に殺生禁断の碑が立ち、そこから先は鳳来寺の境内となる。まずはなだらかな石段を登っていく。少し歩くと、国の重要文化財にも指定されている仁王門がある。

厳かな雰囲気が漂う道を進むと、すぐに樹齢800年を誇る傘杉が出迎えてくれる。樹高60mにもおよぶ立派な巨木である。徐々に石段も急になり、いまは1425段のどのぐらいだろうか、などと少々弱気な考えも頭をよぎってくる。ここで焦ってオーバーペースにならないように気をつけたい。

石段を登り切ると❸**鳳来寺本堂**に到着する。本殿の正面には休憩できる場所もあるので、参拝も兼ねてひと息入れよう。

ここからは東海自然歩道と合流する。石段が

鳳来寺本堂へと続く石段にある傘杉

←馬の背岩展望台
へと続く岩尾根
↑鳳来寺山の頂
上。棚山高原方面
に少し行くと展望
が開ける
→大きな展望が開
ける鷹打場

ようやく終わったところだが、まだ少し階段が続く。急登は勝岳不動を過ぎたあたりで終わり、ほどなく❹奥ノ院に着く。奥ノ院の裏手に展望のよい場所があるのでそこで休憩してもよい。

奥ノ院からはなだらかな尾根道が続き、苦労することなく❺鳳来寺山の山頂に到着する。ベンチもあるので木陰で休むのなら山頂で、展望を楽しむのならそのまま東海自然歩道を棚山高原方面に数分歩いていこう。東側の視界が開け、宇連山や三ツ瀬明神山も望める。

### 🔺 東照宮を参拝し
### 歴史ある古刹を後にする

帰路は鳳来寺山の山頂から天狗岩、鷹打場方面へ向かう。いったん下り、その後はあまり標高を変えずに進む。さほど時間もかからず天狗岩展望台に着く。あずま屋は使用禁止になっているが展望はよく、遠くは浜松市内まで望める。

再びゆるい下りになり、鷹打場の分岐に至る。❻鷹打場まではほんの数分で着くので足を延ばしてみよう。視界が開け、振り返ると先ほどまでいた鳳来寺山が目前にそびえる。分岐まで戻り、東照宮へ向かう。

トラバースしながら標高を下げていくと、や

がて眼下に東照宮が見えてくる。日光、久能山とともに「三東照宮」の一つともいわれるところだ。お参りをすませ、石段を下りきったら右へ。東照宮から❸鳳来寺本堂はすぐである。

本殿からひたすら石段を下るのも辛いので、帰路は馬の背岩経由で下ることにする。多少の登り返しはあるが膝には優しいだろう。馬の背岩の分岐までは石段を下る。分岐を右に曲がるとこんどはトラバースしながら徐々に登っていく。尾根まで出れば下りになり、間もなく❼馬の背岩展望台に着く。鳳来寺山、東照宮から

---

立ち寄りスポット

## 湯谷温泉鳳来ゆ～ゆ～ありいな
ゆやおんせんほうらいゆーゆーありいな

鳳来寺山を開山した利修仙人によって発見されたという湯谷温泉。ここは鳳来寺山の東麓、宇連川沿いにある日帰り温泉で、大浴場、露天風呂のほか、プールやトレーニングルーム（別料金）、地元食材を使ったレストランを併設する。☎0536-32-2212。入浴料620円。10時～21時30分。火曜・年末年始休。

---

コース
MEMO

1400段を超える石段を歩きたくない場合は、鳳来寺山パークウェイ（無料）の駐車場（有料）を利用するといいだろう。駐車場から20分ほど歩けば鳳来寺本堂まで行くことができる。

三東照宮の一つともいわれる鳳来山東照宮

本堂など、本日歩いてきた場所が見渡せる。

　馬の背岩からそのまま下っていけば、仁王門のすぐ上で表参道の石段に合流する。あとは❷**表参道登山口**を経て参道を❶**門谷一ノ門**まで戻る。もしコノハズクの鳴き声を聞きたければ、鳳来寺山自然科学博物館に立ち寄ろう。

（取材／古林鉄平）

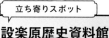

## 設楽原歴史資料館
したらはられきししりょうかん

　三河東郷駅から徒歩15分ほど、長篠・設楽原の戦いの決戦地である古戦場跡に立つ資料館。火縄銃の所蔵は質、量ともに日本一。手に取ることができるレプリカの火縄銃もある。屋上からは古戦場の地形や織田・徳川連合軍が築いた馬防柵の再現も見ることができる。☎0536-22-0673。入館料330円。9〜17時。火曜・年末年始休。

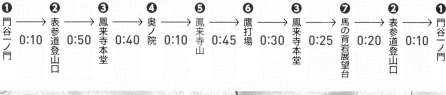

❶門谷一ノ門 →0:10→ ❷表参道登山口 →0:50→ ❸鳳来寺本堂 →0:40→ ❹奥ノ院 →0:10→ ❺鳳来寺山 →0:45→ ❻鷹打場 →0:30→ ❸鳳来寺本堂 →0:25→ ❼馬の背岩展望台 →0:20→ ❷表参道登山口 →0:10→ ❶門谷一ノ門

愛知県

# 宮路山・五井山
みやじさん・ごいさん

| 歩行時間 | **2**時間**40**分 |
|---|---|
| 登山難易度 | **入門** |

技術度 ★☆☆ 体力度 ★☆☆

五井山の頂上にて。蒲郡市街の向こうに三河大島と渥美半島が見える

## 登山データ

| 標高 | **454**m（五井山） |
|---|---|
| 総歩行距離 | **8.3**km |
| 累積標高差 | 上り：**524**m<br>下り：**524**m |

## 問合せ先

豊川市商工観光課
☎0533-89-2140
豊川市観光協会
☎0533-89-2206
東宝交通（要予約）
☎0533-88-3333

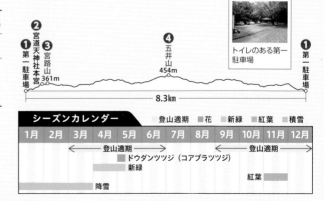

トイレのある第一駐車場

❶第一駐車場
❷宮道天神社本宮
❸宮路山 361m
❹五井山 454m
❶第一駐車場

8.3km

## シーズンカレンダー

登山適期　花　新緑　紅葉　積雪

| 1月 | 2月 | 3月 | 4月 | 5月 | 6月 | 7月 | 8月 | 9月 | 10月 | 11月 | 12月 |
|---|---|---|---|---|---|---|---|---|---|---|---|

←―――登山適期―――→　←―――登山適期―――→
ドウダンツツジ（コアブラツツジ）
新緑
紅葉
降雪

ここでは宮路山への最短コースを紹介したが、東側の名電赤坂駅付近の内山地区からはファミリー向けのコース、東側山麓の宮道天神社からは初・中級者向けのコースもあり、春、秋はおすすめ。

| | | | | |
|---|---|---|---|---|
| 公共交通 | 名鉄名古屋本線 **名電赤坂駅** | タクシー 約10分・1700円前後 | ▲ **第一駐車場** | |
| クルマ | 東名高速道路 **音羽蒲郡IC** | 国道1号、県道374号経由で約8km | ▲ **第一駐車場** Ｐ約20台。無料 | |

**ヒント** 第一駐車場がいっぱいの場合は少し先に第二駐車場があるのでそちらも利用できる。第二駐車場も公衆トイレは完備。それぞれの駐車場からの登路は多少異なるが、どちらを歩いてもほぼ同時間で頂上に到着する。

**プロフィール** 宮路山の中腹は古代・中世の東海道が通っていたため、更級日記や万葉集などにもその名が登場する。五井山とともにいまも地元に親しまれ、登山道の整備も行き届いている。宮路山は紅葉やドウダンツツジ（コアブラツツジ）の自生地としても有名な山だ。

## 神社にお参りをし展望のよい宮路山へ

宮路山は地元の人々に愛されている山で、整備もよく行き届き、ハイキングコースも多くある。今回は頂上まで短時間で到着することができる第一駐車場からのコースを紹介する。

第一駐車場からも頂上までは数コースあるが、ここでは登りは森林浴コース、下りはドウ

全体的になだらかで歩きやすいコースが続いている

宮道天神社本宮。東麓の里宮からも登山道がある

ダン展望コースを歩くことにした。ただし、ドウダンツツジ（コアブラツツジ）の花期の山行になるならば、登り下りのどちらかはドウダントンネルコースを歩くことをおすすめする。

登山口には大きなハイキングコースの看板があり、公衆トイレには詳しいハイキングマップも用意されているので、それらを参照すれば問題なく歩けるだろう。

❶**第一駐車場**からすぐの登山口から階段を登っていく。階段を登り切ると分岐になるので右へ。広く歩きやすいハイキング道で、登っているという感覚をあまり感じさせない。少し行くとコース案内の看板のある分岐に出るのでここは左へ。以降の分岐は直進。道はそのまま森林浴コースとなり稜線まで到達する。稜線の分岐は左に行くと宮道天神社本宮、右に行くと宮

←ドウダンツツジの紅葉は11月中〜下旬が見頃
↑宮路山の頂上に立つ立派な聖跡碑
→五井山への途中、最初に林道に出る地点にあるガードレールの道案内

路山の山頂である。

山頂へ行く前に❷**宮道天神社本宮**（みやじてんじんじゃほんぐう）にお参りしていこう。宮道天神社は昔から雨乞いの社として有名であり、麓では毎年8月の第3土・日曜に雨乞い祭りが行われる。

神社から分岐まで戻り、ひと登りすると❸**宮路山**（みやじさん）の山頂だ。広い山頂でベンチもいくつかあり、立派な聖跡碑が立っている。展望もよく、湖西連峰や豊橋市街、三河湾越しの渥美半島などが望める。

### 快適な尾根歩きで<br>こちらも好展望の五井山へ

展望を楽しんだ後は五井山へと向かう。山頂から少し下ると分岐が現れる。右へ下る道は帰路に使うので意識しておくといい。五井山へは直進する。広くなだらかな登山道が続く。多少のアップダウンはあるが歩きやすい道だ。しばらく歩いて林道に出たら右へ。すぐに車道から分け入る踏み跡が右手にあり、ガードレールに書かれた「←五井山　国坂峠→」との表示に従って五井山へと向かう。

数分の登りの後、少し下り、再び林道に出る。道標に従い林道を登ると、五井山への道標

とともに左に入る登山道がある。いままでと違ってややうっそうとした雰囲気の道になるが、すぐに開けた❹**五井山**（ごいさん）に到着する。眼下には蒲郡市街から三河湾、その先には渥美半島が広がる。電波塔跡の柵沿いを三河湾の反対方面に行けば、空気が澄んだ晴れた日なら南アルプスや御嶽山が望める。昼食はこの開放感あふれる山頂でとるといいだろう。

帰路は来た道を宮路山手前の分岐まで戻る。分岐は左の赤坂駅方面へ。ドウダンツツジに囲まれた登山道である。下っていくと道は左右に分

立ち寄りスポット

## 赤坂宿
あかさかじゅく

宮路山の東麓にある東海道五十三次の36番目の宿場跡。当時を偲ばせる建物も残り、特に旅籠大橋屋は2015年3月15日まで営業を続けていた。赤坂休憩所「よらまいかん」に駐車場があるので、車をそこに停めて散策するといい。☎0533-89-2206（豊川市観光協会）。月曜・年末年始休。

コースMEMO　豊川市の牛久保地区にある大聖寺には今川義元、長谷寺には山本勘助の墓所がある。いずれの墓所も小さなお寺にひっそりとあり、その前に立つと両武将と無言の語らいをしているかのようだ。

帰路、宮路山手前の分岐から下るドウダン展望コース

かれる。右に行くとドウダン展望コース、左はドウダントンネルコースだ。ここでは右へ。

数分も行けばログハウス風の立派な休憩小屋に着く。小屋のすぐ下で、左からドウダントンネルコースが合流してくる。その先の第一駐車場と第二駐車場の分岐から5分も歩けば**❶第一駐車場**だ。

（取材／古林鉄平）

**COLUMN**

## 豊川稲荷（豊川閣妙嚴寺）

名鉄豊川線の豊川稲荷駅から徒歩約3分、日本三大稲荷の一つで商売繁盛の神として知られている。「稲荷」ではあるが神社ではなく曹洞宗の寺院。「時世を救う」の大願心のもと、宋に2度渡った鎌倉時代の高僧、寒巖禅師の弟子・東海義易禅師が開創。豊臣秀吉や徳川家康などが帰依し、信仰を集めた名刹だ。
☎0533-85-2030。

❶ 第一駐車場 → 0:15 → ❷ 宮道天神社本宮 → 0:05 → ❸ 宮路山 → 1:10 → ❹ 五井山 → 1:10 → ❶ 第一駐車場

# 葦毛湿原・豊橋自然歩道
いもうしつげん・とよはししぜんほどう

| 歩行時間 | 2時間30分 |
|---|---|
| 登山難易度 | 入門 |

技術度 ★☆☆ 体力度 ★☆☆

花の百名山に選定される葦毛湿原。一周する木道が整備されている

## 登山データ

| 標　　高 | 310m（座談山） |
|---|---|
| 総歩行距離 | 6.8km |
| 累積標高差 | 上り：451m 下り：480m |

## 問合せ先

豊橋観光コンベンション協会
☎0532-54-1484
豊鉄バス豊橋営業所
☎0532-44-8410

❶ 葦毛湿原駐車場
❷ 葦毛湿原
❸ 豊橋自然歩道・岩崎自然歩道分岐
❹ 座談山 310m
❸ 豊橋自然歩道・岩崎自然歩道分岐
❺ 東山（松明峠）251m
❻ 伊賀石神社
❼ 二川駅

6.8km

## シーズンカレンダー

登山適期　■花　■新緑　■紅葉　■積雪

| 1月 | 2月 | 3月 | 4月 | 5月 | 6月 | 7月 | 8月 | 9月 | 10月 | 11月 | 12月 |
|---|---|---|---|---|---|---|---|---|---|---|---|

登山適期

ミカワバイケイソウ
トウカイコモウセンゴケ
ミカワシオガマ
シラタマホシクサ
新緑

コースMEMO 葦毛湿原では、分布が東海地方に限られる植物や氷河期の生き残りとされる植物など、学術的にも貴重な植物が観察できる。湿性植物の時期は4〜10月にかけて。

## アクセス

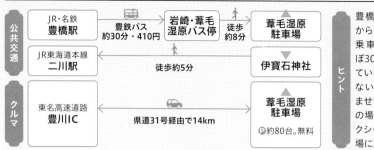

| 公共交通 | JR・名鉄 豊橋駅 | →豊鉄バス 約30分・410円 | 岩崎・葦毛湿原バス停 | →徒歩約8分 | 葦毛湿原駐車場 |
| | JR東海道本線 二川駅 | ←徒歩約5分→ | | | 伊寶石神社 |
| クルマ | 東名高速道路 豊川IC | 県道31号経由で14km | | | 葦毛湿原駐車場 ℗約80台・無料 |

**ヒント** 豊橋駅東口3番乗り場から赤岩口行きバスに乗車。土曜・休日ともほぼ30分間隔で運行されている。途中にトイレはないので、長尾池ですませて出発を。マイカーの場合は二川駅からタクシーで葦毛湿原駐車場に戻る。

**プロフィール** 豊橋市の東部、弓張山地の西側山麓に位置し、都市近郊として全国的にも珍しい県の天然記念物の湿原が葦毛湿原だ。植物観察を楽しんだら、岩崎・豊橋・二川自然歩道を歩いて展望も満喫しよう。

### 花の百名山、葦毛湿原から 天気がよければ富士を望む座談山へ

豊橋市東部の弓張山地、三方を山々に囲まれた標高70m前後の緩やかな傾斜地に広がる約3.2haの湿地に、湿性植物、高山性植物、食虫植物など、約250種の植物が自生する葦毛湿原。水が常に流れているため珍しい植物が多く、北方系の植物と南方系の植物が混在している。愛知県の天然記念物にも指定される湿原から岩崎・豊橋・二川自然歩道をたどって標高310mの座談山、標高251mの東山を越え、展望のコースを満喫する。

湿原入口にあたる長尾池の手前に、大きな❶**葦毛湿原駐車場**がある。公共交通機関利用の場合は岩崎・葦毛湿原バス停から駐車場を経由し、長尾池畔の林道を歩く。長尾池には立派なトイレが設けられているので、出発前の準備はここで整えよう。湧水を貯めた長尾池は、雨上がりの天気のいい日には、座談山や船形山が水面に映りとても美しい。

長尾池を過ぎると道は徐々に登山道らしい雰

スタート地点の長尾池　　　葦毛湿原に続く遊歩道

囲気となり、❷**葦毛湿原**の入口に着く。ベンチのある広場のようになった入口には植物や湿原に関する解説板が設置されているので、ここで予備知識を得ていくといいだろう。湿原では東海地方の一部だけにしか生息しないシラタマホシクサ（8月下旬〜9月下旬）をはじめ、4〜10月にかけて、分布がほぼ東海地方に限られ

星をちりばめたように葦毛湿原に散らばるシラタマホシクサ

←豊橋自然歩道は要所要所に眺望の開けたポイントが。眺望を満喫しよう
↑一息峠は休憩にちょうどいい
→尾根通しに続く豊橋自然歩道

る植物や氷河期の生き残りとされる植物など、学術的にも希少な植物を観賞することができる。木製の周遊路がめぐらされた湿原内ではあまりコースを決めず、木道に立ち止まって可憐で小さな湿原植物を探しながら自由に歩きたい。

岩崎自然歩道の登り口は湿原の一番奥にある。眺望の乏しい樹林帯の急な山道を登ること約15分、息が上がり額に汗が浮かぶころ、少し平らになった一息峠（ひといきとうげ）へと着く。一息峠の名のとおり、ベンチに腰掛けてひと息いれよう。

一息峠からしばらくは緩やかな坂になり、急な階段を上がりきると❸豊橋自然歩道・岩崎自然歩道分岐（とよはししぜんほどう・いわさきしぜんほどうぶんき）に出る。まずは二川TV中継所方面へ豊橋自然歩道を歩く。しばらく歩くと展望がパッと開けたところが二川TV中継所で、さらに10分ほど歩くと鉄塔のある小ピークに出る。ここが標高310mの❹座談山（ざだんやま）で、条件がよければ富士山まで遠望できるのだとか。豊橋自然歩道はさらに尾根づたいに軽いアップダウンを繰り返しながら続いている。体力と時間に余裕があれば、一等三角点のある神石山（かみいしやま）まで足を延ばすのも一興だ。座談山から神石山までは往復1時間30分程度の行程。豊橋市と静岡県湖

西市の境に位置する神石山の山頂からは湖西エリアを一望することができる。

### 豊橋市街や三河湾を眼下に 尾根歩きを楽しみながら下山

座談山からは来た道を折り返し、豊橋自然歩道・岩崎自然歩道分岐から南に延びる豊橋自然歩道に入る。この先も樹林帯と眺望が開ける切り通しが交互に展開し、小さな祠のある場所に着くとそこが標高251mの❺東山（松明峠）（ひがしやま・たいまつとうげ）だ。南には豊橋の町並みと三河湾がダイナミックに広がっている。

東山（松明峠）からの道は二川自然歩道と名称が変わる。150段ほどの階段と雑木林の遊歩

東山（松明峠）から豊橋市街を望む

豊橋市内には愛知県で唯一、路面電車が走っている。豊橋駅から豊橋鉄道市内線、通称"市電"に乗車して計画するのもおもしろい。赤岩口電停下車、葦毛湿原まで徒歩60分。

東山（松明峠）から一気に下る　　登山口の伊寶石神社

道を下り、砂利道に出ると二川自然歩道の登山口だ。あとは、**❻伊寶石神社**の横を抜け、路地の階段を下ってゴールの**❼二川駅**へ。

葦毛湿原を中心とするこの山域は花の百名山に選定され、今回紹介したコースのほかにも複数の登坂路や登山口が設けられている。いずれも道標は豊富で、道もよく整備されている。花や緑、浜名湖や豊橋市街を眼下に遠く三河湾や富士山の眺望を楽しみつつ、ルートを変えて何度も歩いてみたい。　　　（取材／川本桂子）

COLUMN

## 東海道の宿場・二川宿へ 足を延ばして町歩き

JR二川駅から東に15分ほど歩くと、二川宿が現れる。豊橋市では2015年3月まで3年を費やして、商家を江戸から大正時代の姿に改修復元。本陣・旅籠屋・商家の3つを見学できる日本で唯一の宿場を散策してみよう。本陣資料館・旅籠屋「清明屋」各入館400円、商家「駒屋」入館無料。9〜17時。月曜休（祝日の場合は翌日）。

| ❶駐車場葦毛湿原 | 0:15 | ❷葦毛湿原 | 0:40 | ❸豊橋岩崎自然歩道分岐 | 0:15 | ❹座談山 | 1:00 | ❺東山（松明峠） | 0:15 | ❻伊寶石神社 | 0:05 | ❼二川駅 |
|---|---|---|---|---|---|---|---|---|---|---|---|---|

葦毛湿原・豊橋自然歩道

# 大山
おおやま

| 歩 行 時 間 | **3**時間**5**分 |
|---|---|
| 登山難易度 | **初級** |

技術度 ★★☆　体力度 ★☆☆

観音の腰掛岩から見た渥美半島の山々と遠く三河湾

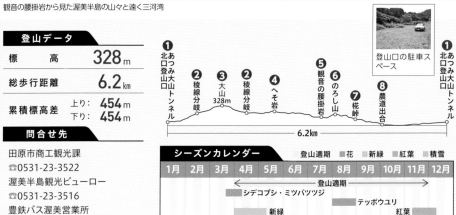

登山口の駐車スペース

## 登山データ

| 標　　高 | **328**m |
|---|---|
| 総歩行距離 | **6.2**km |
| 累積標高差 | 上り：**454**m<br>下り：**454**m |

**①** 北口あつみ大山トンネル登山口
**②** 稜線分岐
**③** 大山 328m
**②** 稜線分岐
**④** へそ岩
**⑤** 観音の腰掛岩
**⑥** のろし山
**⑦** 椛峠
**⑧** 農道出合
**①** 北口あつみ大山トンネル登山口

6.2km

## 問合せ先

田原市商工観光課
☎0531-23-3522
渥美半島観光ビューロー
☎0531-23-3516
豊鉄バス渥美営業所
☎0531-33-0211

## シーズンカレンダー

登山適期　■花　■新緑　■紅葉　■積雪

| 1月 | 2月 | 3月 | 4月 | 5月 | 6月 | 7月 | 8月 | 9月 | 10月 | 11月 | 12月 |
|---|---|---|---|---|---|---|---|---|---|---|---|

←――――――――登山適期――――――――→

■ シデコブシ・ミツバツツジ

テッポウユリ

■ 新緑　　　　紅葉

コースMEMO　要所に道標が備わっていて、迷うことはないはずだが、有名コースのような大きく目立つ道標はない。分岐などでは注意して進む必要があり、初心者同士ではやや心もとない。

アクセス

	出発	経路	到着
公共交通	豊橋鉄道渥美線 **三河田原駅**	タクシー 約40分・6500円前後	**あつみ大山トンネル北口登山口**
クルマ	東名高速道路 **豊川IC**	国道151号、県道400号、国道259号など経由で約43km	**あつみ大山トンネル北口登山口** Ⓟトンネル北口に駐車スペースあり

ヒント マイカー向きの山。あつみ大山トンネル北口の駐車スペースは、三河湾側（北）からアクセスした場合、トンネルの手前200mあたりで左へと細い道を入る。駐車スペースは広いが、整地はされていない。タクシーは駅前に常駐。

プロフィール 渥美半島の最高峰。うっそうとした樹林が続くコースだが、大山や観音の腰掛岩、のろし山からは大きな展望が広がり、伊勢湾口に浮かぶ神島や紀伊半島も眺めることができる。低山ながら、なかなかにワイルドな山歩きが楽しい山だ。

照葉樹の森を登り 大山から太平洋を眺める

駐車場傍の❶**あつみ大山トンネル北口登山口**からコースに入る。少しわかりにくいが、茶色い木肌の木に小さな道標がかけてある。

林道の名残のある道をゆるやかに登る。最初は灌木の間を歩くが、周囲はやがてシダの茂る杉林となり、徐々に傾斜が増していく。小沢沿いの道は薄暗く、足場の悪い場所にはロープが設置されている。そのまましばらく登ると、あたりは照葉樹林帯となり、稜線上の登山道に飛び出す。ここが❷**稜線分岐**だ。灰色をした2本の鉄柱が立っている。

登山道の多くは照葉樹林帯を歩く

観音の腰掛岩。岩の上は大パノラマだ

稜線分岐からまずは左へと歩を進める。赤土が露出したり岩がごろごろしていたりとやや歩きづらい道が続く。やがて左手にくちなし岩が現れる。大きく展望が開け、天気がよければ三河湾も眺められることだろう。

くちなし岩から登りつめると広い草原に出る。道が消えてしまって不安を覚えるかもしれないが、登山道は草原の右側に続いている。道ははっきりとは見えないので、足裏の感覚をフルに発揮して通り抜けよう。登山道があるところは地面が固くなっている。

←のろし山からの
大山と観音の腰掛
岩（下の岩峰）
↑霞んで浮かぶ神
島（左）と伊良湖
岬（右）
→コース中の道標

草原を抜け、鉄塔の立つ建物を過ぎれば目の前に、❸**大山**の展望台が出現する。電波塔が一部の視界をさえぎるが、太平洋の眺めは最高だ。渥美半島の海岸の向こうには、三島由紀夫『潮騒』の舞台となった神島も見えている。

### ときどきの展望を楽しみ 尾根の登下降を繰り返す

頂上からはいったん往路を戻る。くちなし岩下の急坂はスリップに注意したい。❷**稜線分岐**まで戻ったら、登ってきた道を右に見送り、西方向へと登山道をたどる。

シダの茂る道を歩いてゆるやかな起伏を越え、鞍部から登り返せば❹**へそ岩**。ここからは登ってきた大山がよく見える。このへそ岩で道は北方向へと90度曲がるが、小さな道標に書かれた椛峠へと向かえばいい。

北に方向を変えた登山道は、照葉樹に覆われるなか、何度か登り返しを繰り返す。観音の腰掛岩手前の急な下りはスリップに注意だ。この急な下りを終えて鞍部から軽く登り返せば❺**観音の腰掛岩**に到着する。岩の上まで登れば、さえぎられることのない展望が広がるが、岩峰の上でもあり、くれぐれも慎重に行動したい。

腰掛岩からはいったん下り、またまた登り返す。急坂を登りきったピークが❻**のろし山**で、頂上は登山道をはずれて右に少しだけ歩く。南面の展望が開け、大山や観音の腰掛岩をはじめ、歩いてきた尾根筋が一望のもとに見渡せる。ここからはもう、登り返しは1カ所だけなので、ゆっくり休むといい。

のろし山からいったん下って、最後のピークを越える。このピークの下りが急で、本コース一の急坂と思える。手もフル活用しよう。

草原に立つ鉄塔を過ぎ、下り立ったところが

**COLUMN**

### 路線バスを利用して 越戸から歩くサブコース

大山の頂上直下までの登路が本文で紹介したコースとは異なるが、路線バス（豊鉄バス）を使って登りたい場合は、大山南面の越戸バス停を起点にすれば、大山から先は同じコースを歩くことができる。帰りは農道出合から三河湾側の石神バス停まで約50分。ただし、バス便はたいへん少ない。

農道出合にある椛（なぐさ）のシデコブシ自生地の花期は3月下旬〜4月上旬。国の天然記念物に指定される白やピンクの花は一見の価値がある。この地には約200株が自生している。

**❼椛峠**(なぐさとうげ)。登山コースの十字路となっている。道はここで右折する。樹林帯から周囲の開けた尾根に出、鉄塔を過ぎれば、シデコブシ自生地のある**❽農道出合**(のうどうであい)はすぐだ。舗装路を歩き、広い車道にぶつかったら右折する。しばらく車道を歩けば**❶あつみ大山(おおやま)トンネル北口(きたぐち)登山口(とざんぐち)**に戻ることができる。 　　　　（取材／森田秀巳）

椛峠手前の急な下り坂。スリップ注意

| ❶あつみ大山トンネル北口登山口 | | ❷稜線分岐 | | ❸大山 | | ❷稜線分岐 | | ❹へそ岩 | | ❺観音の腰掛岩 | | ❻のろし山 | | ❼椛峠 | | ❽農道出合 | | ❶あつみ大山トンネル北口登山口 |
|---|---|---|---|---|---|---|---|---|---|---|---|---|---|---|---|---|---|---|
| | 0:25 | | 0:25 | | 0:20 | | 0:25 | | 0:30 | | 0:10 | | 0:10 | | 0:15 | | 0:25 | |

↑雨乞山　　　　↑国道259号

農地のなかの舗装路を歩く

△177

•182

△みはり山

タコウド
△275

•202

泉福寺卍

❽農道出合
0:25
0:15

椛峠❼

鉄塔

急な下り。スリップ、転倒に注意

186

❻のろし山
0:10
0:20

伊川津のシデコブシ

椛のシデコブシ自生地

0:10
0:50

観音の腰掛岩❺

広い車道を歩く。歩道がないので、車には注意したい

0:25
0:20

•105

•137

急な下り。スリップ、転倒に注意

❶あつみ大山トンネル北口登山口

登山道入口を示す道標は小さい。見落とさないように注意しよう

0:25
0:20

P

愛知県
田原市

0:45
0:30

△188

•164

へそ岩❹
250

ロープの張られた急坂が続く。急がずゆっくりと

•220

0:25
0:15

鉄柱

❷稜線分岐

0:20

コースは右方向（北側）へと曲がる。西方向には行かないように

0:25
0:20

大山❸
328△

くちなし岩

△235

草原内の道が不明瞭。頂上に向かって右端（北側）を歩くといい

**大山**

1:25,000
0　　250　　500m
1cm=250m
N

↓和地　　　　　↓越戸　　越戸町

# 富士ヶ峰
ふじがみね

| | | |
|---|---|---|
| 歩行時間 | 1時間25分 | |
| 登山難易度 | **入門** | |

技術度 ★☆☆　体力度 ★☆☆

桜公園口バス停付近から見た紀伊半島（右）と神島（左）

## 登山データ

| 標 高 | **125**m |
|---|---|
| 総歩行距離 | **5.1**km |
| 累積標高差 | 上り：**180**m　下り：**185**m |

## 問合せ先

南知多町産業振興課
☎0569-65-0711
南知多町地域振興課（海っ子バス）
☎0569-65-0711
南知多町観光協会
☎0569-62-3100

❶初神口バス停
海っ子バスのバス停
❷富士ヶ峰神社 125m
❸桜公園口バス停
❹豊浜漁港（中洲）
❺豊浜バス停

5.1km

## シーズンカレンダー

登山適期　■花　■新緑　■紅葉　■積雪

| 1月 | 2月 | 3月 | 4月 | 5月 | 6月 | 7月 | 8月 | 9月 | 10月 | 11月 | 12月 |
|---|---|---|---|---|---|---|---|---|---|---|---|

登山適期

桜
新緑
紅葉

コース MEMO　海っ子バスでは、全路線1日乗り放題券を販売している。1枚500円で、車内で購入できる。南知多町に19カ所ある、弘法大師ゆかりの知多半島八十八ヶ所霊場めぐりにも最適だ。

| | 名鉄河和線<br>河和駅 | 🚌 海っ子バス豊浜線<br>約30分・300円 | 初神口バス停 ▲ |
|---|---|---|---|
| 公共交通 | 名鉄知多新線<br>内海駅 | 🚌 海っ子バス西海岸線<br>約20分・160円 | 豊浜バス停 ▼ |
| クルマ | 南知多道路<br>豊丘IC | 🚗 県道7号経由で約6km | 師崎港駐車場<br>🅿️平面、立体とも<br>有料 |

**ヒント** マイカーの場合、市街に駐車場はないので、登山口から少し離れてしまうが、知多半島先端の師崎港の有料駐車場に駐車し、隣接する海っ子バス豊浜線師崎港バス停から初神口バス停へ。バスは1時間に1本程度。

**プロフィール** 山歩きというより、ウォーキングといった風情のコース。富士ヶ峰は知多半島第2の高さの山で、頂上部にある桜公園からの伊勢湾やそこに浮かぶ島々、鈴鹿山脈の眺めがすばらしい。登山道は歩かないので、ウォーキングシューズで十分だ。

### ▲ 広大な畑作地帯を抜け海を眺める桜公園に立つ

❶**初神口バス停**でバスを降りたら、北方向へと車道を歩く。300mほど歩き、左手に大きな鉄製のゴミ収集小屋が見えてきたら、そのすぐ手前を左折して橋を渡る。道は急なカーブをいくつか繰り返し、少しずつ高度を上げる。

最後に右へと大きなカーブを描いた先で視界

ベンチがいくつも置かれた桜公園

はぐんと広がり、見渡すかぎりの野菜畑の間に延びる農道を歩くようになる。標高こそ100mあるかないかではあるが、まるで高地の高原を歩いているかのような気分だ。

海風にあたりながら、しばらく道なりに歩くと、左手に初神揚水機場が現れる。ここを左折し、いくぶん狭くなった車道をゆるやかに登っていく。この道を登りついたところが❷**富士ヶ峰神社**で、社の裏にある三角点が標高125mの最高点だ。

神社でお参りしたら、道路を挟んで反対側にある桜公園に行ってみよう。数10m歩いてベンチのある場所まで行けば、目の前に待望の海が広がる。渥美半島、そして三重県の神島、答志島、さらには鈴鹿山脈が連なる紀伊半島と、それこそいくら眺めていても飽きることがな

富士ヶ峰神社へと続く野菜畑のなかの道

←知多半島第2の高所、富士ヶ峰神社
↑コース後半の商店が並ぶ海沿いの道
→富士ヶ峰神社からは伊勢湾に向かって下る

い。最近、公園下の樹木が伸びてきて視界をさえぎる状況も出てきてしまっているので、この眺めを存分に味わいたいときは、脚立があるといいかもしれない。この桜公園だけを目当てに来る場合は、神社の階段手前にある駐車スペースに車を停めるといいだろう。

### 海辺の気持ちいい道を歩き 商店や食堂、港に立ち寄る

富士ヶ峰神社からは、来た道と反対側、海に向かって下る。狭い車道は傾斜もきつく、急角度のカーブを二度ほど経て、海っ子バス西海岸線の❸桜公園口バス停に下り立つ。ここからは左へと海沿いの道を歩く。海の景色ばかりで飽きがちになるが、途中には海産物店なども点在するので、しばし寄り道つつ歩こう。

桜公園バス停から15分ほどで❹豊浜漁港（中洲）で、ここからも同じような道を進む。道が左に大きくカーブし、北方向に進路を変えれば間もなく❺豊浜バス停だ。せっかくなので、ここからは往路のバスとは違う路線、海っ子バス西海岸線に乗って内海駅へと戻ろう。

なお、このコースだけでは物足りないかもしれないので、本文の地図には入っていないが、

知多半島先端部にある弘法大師ゆかりの地、聖崎、大井漁港周辺を歩く空海ロード（花遍路）を入口付近だけは詳細に、あとは概要を紹介しておきたい。

スタートは、名鉄河和線河和駅〜師崎港をほぼ1時間おきにつなぐ知多バス師崎線の大井バス停（河和駅から約20分・300円）。交番先の信号を右折して、利生院と宝乗院の間を左に入り、医王寺の先からさくら坂を登る。ひと登りすれば桜の木が多く植えられた上ノ山公園で、ここには修行大師像が立つ。

### COLUMN
## 漁港の市場で、新鮮な魚介の 買い物や料理を楽しむ

南知多町の各漁港には、豊浜魚ひろば（豊浜漁港）、師崎朝市（師崎漁港）、とれとれ漁師市（大井漁港）などの市場がある。豊浜魚ひろばは、コース終点の豊浜バス停から歩いても10分ほどの距離なので、マイカーでなくても寄り道が可能だ。他の市場も最寄りにバス停はあるが、便数が少ない。

海っ子バス西海岸線では車内にアイドルグループ・SKE48メンバーのサインが書かれているサインバスが運行しており、メンバーによる車内アナウンスを聞くこともできる。

いずれも空海ロードで、左から修行大師像、上陸大師像、さくら坂の道標

公園を抜け、車道を道なりに聖崎へと向かう。要所には道標が立つので迷う心配はないだろう。国道247号にぶつかったら、道路を渡って聖崎公園へと登る。公園には展望台をはじめ、稲荷社、さざれ石など見どころが多い。岬の突端に立てば、海中から突き出た岩に、弘法大師の上陸大師像が立っている。

このコースに関しては、役場産業振興課や観光協会でパンフレットも用意しているので、歩く予定があれば取り寄せておくといい。

（取材・森田秀巳／写真協力・相川知久）

**立ち寄りスポット**

### まるは うめ乃湯
まるは うめのゆ

豊浜バス停から師崎港方向に約1.7kmの国道247号沿い、海に面して立つ温泉・宿泊施設。濃厚な食塩泉が特徴で、露天風呂はないものの、海を眺めながらのんびりつかることができる。宿泊料金もリーズナブルで、1泊するのもおすすめだ。☎0569-65-1126。入浴料600円。10〜22時。無休。

| ❶ 初神口バス停 | → 0:40 | ❷ 富士ヶ峰神社 | → 0:10 | ❸ 桜公園口バス停 | → 0:15 | ❹ 豊浜漁港（中洲） | → 0:20 | ❺ 豊浜バス停 |
|---|---|---|---|---|---|---|---|---|

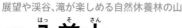

縦書き見出し：八曽山・本宮山・岩巣山

## 展望や渓谷、滝が楽しめる自然休養林の山

### 17 八曽山（はっそさん）

| 標　高 | 327 m |
| --- | --- |
| 歩 行 時 間 | 3 時間 40 分 |
| 登山難易度 | 初級 |

**アクセス**

公共交通：名鉄犬山線 **犬山駅** →（約40分 200円）入鹿バス停 下車 →（徒歩 約30分）八曽モミの木 キャンプ場
※入鹿着は午後便のみなので、犬山駅からのタクシー利用が基本。

クルマ：中央自動車道 **小牧東IC** →（県道49号 経由で約4km）八曽モミの木 キャンプ場駐車場 🅿キャンプ場に有料駐車場

**問合せ先**

犬山市防災交通課（コミュニティバス）☎0568-44-0347
八曽モミの木キャンプ場📠0568-67-6244

**プロフィール**

地元では黒平山とも呼ばれ、高低差が200mほど。登山道や道標がしっかり整備されていることから、子どもや高齢者が歩いている姿もよく見かける。コースのスタートは八曽モミの木キャンプ場。林道から八曽滝を過ぎ、ひと登りで八曽山の頂上だ。下山は岩見山、五段の滝などを経てキャンプ場に戻る。

## "三河富士"とも呼ばれる端正な山の頂に立つ

### 18 本宮山（ほんぐうさん）

| 標　高 | 789 m |
| --- | --- |
| 歩 行 時 間 | 4 時間 20 分 |
| 登山難易度 | 初級 |

**アクセス**

公共交通：JR飯田線 **長山駅** →（徒歩 約20分）ウォーキング センター
※飯田線は1時間に1～2本程度。

クルマ：東名高速道路 **豊川IC** →（国道151号、県道21号 経由で約5km）ウォーキングセンター 🅿無料駐車場あり

**問合せ先**

豊川市商工観光課☎0533-89-2140
ウォーキングセンター☎0533-93-7961

**プロフィール**

東三河エリアで最も高い山。三河富士の愛称のほかにも、地元では砥鹿山、本茂山と呼ばれている。豊川市、岡崎市、新城市の3市境に位置しているが、豊川市ウォーキングセンターからの登山道が一般的で、人気も高い。コースの途中では巨木や奇岩を見ることができ、頂上からは遠く富士山も望める。

## 自然林の道を歩き、大展望の頂へ

### 19 岩巣山（いわすやま）

| 標　高 | 481 m |
| --- | --- |
| 歩 行 時 間 | 3 時間 |
| 登山難易度 | 初級 |

**アクセス**

公共交通：名鉄瀬戸線 **尾張瀬戸駅** →（約17分 260円）しなの バスセンター →（約10分 100円 コミュニティバス）岩谷堂バス停
※バスの本数は少ないので、事前に要確認。

クルマ：東海環状自動車道 **せと品野IC** →（国道363号、県道22号 経由で約3.5km）岩谷堂公園駐車場 🅿駐車場は時期により有料

**問合せ先**

瀬戸市都市計画課（コミュニティバス）☎0561-88-2666
名鉄お客さまセンター☎052-582-5151

**プロフィール**

愛知高原国定公園の名勝のひとつ、岩谷堂の北東部に位置する。都市近郊にありながら、アカマツなどの自然林に恵まれた絶好のハイキングコースだ。山は花崗岩で形成され、頂上からは名古屋市街をはじめ、白山や御嶽山などの大きな展望が広がる。紅葉の名所としても知られ、秋には多くの人で賑わう。

# 岐阜県

**GIFU**

| 20 | 八木三山 | → | P80 |
| 21 | 三周ヶ岳 | → | P84 |
| 22 | 冠山 | → | P88 |
| 23 | 能郷白山 | → | P92 |
| 24 | 高賀山 | → | P96 |
| 25 | 白草山 | → | P100 |
| 26 | 恵那山 | → | P104 |
| 27 | 各務原アルプス | → | P108 |
| 28 | 金華山 | → | P108 |
| 29 | 養老山 | → | P108 |
| 30 | 曽良山 | → | P108 |

# 八木三山
<small>やぎさんざん</small>

| 歩行時間 | **3**時間**5**分 |
|---|---|
| 登山難易度 | **初級** |

技術度 ★★☆ 体力度 ★☆☆

犬山市街から見た八木三山と犬山城。右から八木山、双子山、愛宕山

## 登山データ

| 標　　高 | **296**m（八木山） |
|---|---|
| 総歩行距離 | **7.0**km |
| 累積標高差 | 上り：**447**m<br>下り：**447**m |

### 問合せ先

<small>かかみがはら</small>
各務原市観光交流課
☎058-383-9925
各務原市公共交通政策室（市営バス）
☎058-383-9912

① 鵜沼宿駅
② 配水施設
③ 八木山 296m
④ 双子山 247m
⑤ 愛宕山 269m
⑥ 愛宕山登山道入口
② 配水施設
① 鵜沼宿駅

登山口近くの上水道配水池

7.0km

### シーズンカレンダー

■登山適期　■花　■新緑　■紅葉　■積雪

| 1月 | 2月 | 3月 | 4月 | 5月 | 6月 | 7月 | 8月 | 9月 | 10月 | 11月 | 12月 |
|---|---|---|---|---|---|---|---|---|---|---|---|

登山適期　　　　　　　　　　　　　　登山適期
アセビ
ミツバツツジ
新緑
紅葉
降雪

**コースMEMO** このコースには険しい岩場の登下降が何カ所か現れるが、特に注意したいのは、八木山からの下りと、愛宕山への登り。通過の際は、転倒や落石に十分な注意が必要だ。

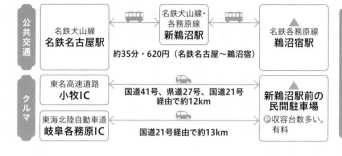

| | | | | | | | |
|---|---|---|---|---|---|---|---|
| 公共交通 | 名鉄犬山線<br>**名鉄名古屋駅** | 🚌 | 名鉄犬山線・各務原線<br>**新鵜沼駅** | 🚌 | 名鉄各務原線<br>**鵜沼宿駅** | ヒント | 山麓に駐車場はなく、新鵜沼駅前の有料駐車場に停めて電車で鵜沼宿駅に行くかタクシーで配水施設へ。愛宕山西側の芋ヶ瀬池駐車場からアクセスしてもいい。新鵜沼駅、鵜沼宿駅からは山麓の松が丘まで市営バスもある。 |
| | | 約35分・620円（名鉄名古屋〜鵜沼宿） | | | | | |
| クルマ | 東名高速道路<br>**小牧IC** | 🚗 | 国道41号、県道27号、国道21号<br>経由で約12km | 🚗 | **新鵜沼駅前の民間駐車場**<br>Ⓟ収容台数多い。有料 | | |
| | 東海北陸自動車道<br>**岐阜各務原IC** | 国道21号経由で約13km | | | | | |

300mにも満たない低山ながら、八木山と愛宕山からの展望はすばらしく、その標高を感じさせない眺めには感動する。ただし、コース中には急な岩場の登下降が何カ所もあり、岩場に慣れていない人はそれなりに緊張することになるだろう。

### 鵜沼宿の裏山、展望のすぐれた八木三山の頂へ

❶鵜沼宿駅を出たら、駅横を通る車道を左へと歩く。ほどなく国道21号（中山道）の鵜沼西町交差点を渡り、なおも直進する。しばらく商店の立ち並ぶ通りを歩く。もし水や食料の補給をする場合は、このあたりのコンビニなどで。ここからしばらくすると商店はなくなる。

愛宕山の最後の登りに現れる岩場

八木山の南には、木曽川とその向こうに犬山市街が望める

道はだんだんと登り坂になり、石亀神社を左に見るあたりからより傾斜が強まる。やがて調整池のあるつつじが丘公園が左手に現れ、公園の手前の角を左に入る。200mほど行くと広い道路にぶつかるので、ここは右折。すぐに八木山小学校が左手に見え、その敷地のはずれを左に曲がる。細い車道を歩き、3つ目の角を鋭角に入る。坂を登ればすぐに❷配水施設だ。

ここからは右手にある階段を行く。登りきると上水道配水池があり、林道を少しの間歩く。すぐに登山道入口の道標が現れ、ここから左へと登山道に入る。階段を登り、しばらくはゆるやかな道が続くが、だんだんとジグザグの道となり、急坂に汗を絞られる。

頂上に近づくにつれて岩がちの道となり、周囲も開けてくる。つまづきに注意しながら登

←愛宕山から見た
芋ヶ瀬池と遠くに
伊吹山（中央やや
右）
↑愛宕山からの急
な下り。右上に街
が見えている
→八木山の登山道
入口

り、双子山への道を左に分ければほどなく❸ <ruby>八木山<rt>やぎやま</rt></ruby>の頂上だ。大きな展望が広がり、山座同定のための写真付き解説板も随所にある。

### 岩場の多い稜線を歩き 愛宕山から鵜沼宿へ下る

八木山の頂上からは来た道を少しだけ戻り、道標に従って双子山へと向かう。だが、いきなりの岩場の急下降だ。ロープは張られているが、ちょっとした油断が命取りになりかねないので、ここは慎重に下りたい。

鞍部に下り立つと、左へと道が分岐する。この道は配水施設に下る道。ここから登り返せば、わずかな時間で❹<ruby>双子山<rt>ふたごやま</rt></ruby>の頂上だ。展望のない平坦な頂だが、この山と愛宕山との鞍部には、また急な下りが待っている。

鞍部からは短い急登を経て、いったん平らな道を歩く。この平らな区間が終わると、その分を取り返すかのような岩場の急登が始まる。ロープ伝いに登ればそうそう危険はないものの、段差の大きなところがあったりして、身長の低い人や子どもは苦労するかもしれない。

岩場を登りきると最後のピーク、三角点のある❺<ruby>愛宕山<rt>あたごやま</rt></ruby>だ。ここからの展望も、八木山に劣らずすばらしい。遠く伊吹山や鈴鹿山脈、岐阜・福井県境の山々なども望め、初めての人は、しばらく見とれて動けないことだろう。

愛宕山からは方向を変えて南西へと下る。こちらもしばらく岩場の急な下りが続くので、くれぐれも用心してほしい。景色に見とれての転倒が怖い。

西登山道と合流する地点で道は左へと方向転換する。しばらくなだらかな下りが続き、再び急傾斜を下る。この先で道は、山腹を歩く「すその道」方面とまっすぐ下る道とに分かれる。

### COLUMN

## 緑のなかで時を忘れてくつろぐ 各務野自然遺産の森

八木三山の北側に広がる森林自然公園。日本の大自然と里山の再生をテーマにしている。この森には小動物や鳥、昆虫などが数多く生息し、茅葺き屋根の庄屋を移築した自然体験塾やマウンテンバイクコースなどは子どもたちに人気だ。☎058-385-2773（公園管理事務所）。9〜17時。無休。

登山口にあたる②配水施設前のスペースに駐車する登山者が多いようだが、ここは駐車場ではなく、また、工事車両などの出入りもあるため、他の駐車場を利用するようにしたい。

八木山頂上に立つ御嶽山大権現碑

そのまま下るとすぐに松が丘住宅地の車道に出合うが、ここが❻愛宕山登山道入口だ。「すその道」は展望が開けないので、このまま車道を歩いて八木山小学校の裏手から❷配水施設に戻ってもいいし、車道の途中から「すその道」に入ってもいい。時間的に差はない。配水施設からは往路を戻ろう。　　（取材／森田秀巳）

# 三周ヶ岳
さんしゅうがたけ

| 歩 行 時 間 | **5**時間**40**分 |
|---|---|
| 登山難易度 | **中級** |

技術度 ★★★ 体力度 ★★☆

夜叉ヶ池から頂上へと続く稜線から見た三周ヶ岳（左端）

## 登山データ

| 標 高 | **1292**m |
|---|---|
| 総歩行距離 | **8.8**km |
| 累積標高差 | 上り：**1061**m 下り：**1061**m |

### 問合せ先

揖斐川町坂内振興事務所
☎0585-53-2111
揖斐タクシー（岐阜側）
☎0585-22-1244
伊香交通（タクシー・滋賀側）
☎0749-82-2135

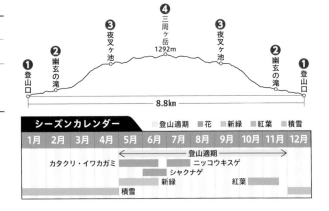

❶登山口 ❷幽玄の滝 ❸夜叉ヶ池 ❹三周ヶ岳 1292m ❸夜叉ヶ池 ❷幽玄の滝 ❶登山口

8.8km

### シーズンカレンダー

■登山適期 ■花 ■新緑 ■紅葉 ■積雪

| 1月 | 2月 | 3月 | 4月 | 5月 | 6月 | 7月 | 8月 | 9月 | 10月 | 11月 | 12月 |
|---|---|---|---|---|---|---|---|---|---|---|---|
| | | | | | | 登山適期 | | | | | |
| | | カタクリ・イワカガミ | | | | ニッコウキスゲ | | | | | |
| | | | | シャクナゲ | | | | | | | |
| | | | | 新緑 | | | | 紅葉 | | | |
| | | 積雪 | | | | | | | | | |

 夜叉ヶ池より三周ヶ岳への道は笹に覆われ、ほとんど踏み跡が見えない状況が続く。子どもや初級者は無理なので夜叉ヶ池までとしたい。その先は体力のある経験者に限られる。

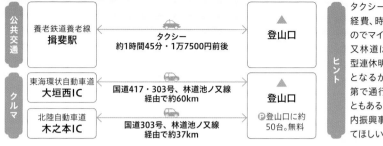

| | | | | |
|---|---|---|---|---|
| 公共交通 | 養老鉄道養老線 **揖斐駅** | タクシー 約1時間45分・1万7500円前後 | ▲ **登山口** | ヒント |
| クルマ | 東海環状自動車道 **大垣西IC** | 国道417・303号、林道池ノ又線 経由で約60km | ▲ **登山口** | |
| | 北陸自動車道 **木之本IC** | 国道303号、林道池ノ又線 経由で約37km | Ｐ登山口に約 50台。無料 | |

タクシーを利用すると経費、時間ともかかるのでマイカー向き。池ノ又林道は例年、春の大型連休明けに通行可能となるが、道路状況次第で通行ができないこともあるので、事前に坂内振興事務所に確認してほしい。

**プロフィール** 三周ヶ岳は、夜叉ヶ池の存在がその白眉といえるのではないだろうか。その夜叉ヶ池の静まりかえった神秘的な雰囲気といい、見た者だけが味わうことのできる妖しいまでの美しさは、龍神伝説の哀しい物語を納得させる魅力を持っている。

### ▲ 美しい滝に出合いながら 夜叉ヶ池へと登る

広い駐車場でトイレをすませたら**❶登山口**（とざんぐち）の看板の前から池ノ又谷へ下りていく。ミズキの花が賑やかだ。ヤマアジサイもそこかしこに咲いている。

橋を4回ほど渡って谷の東側に移ると、ジグザグの急登が始まる。標高差にして100mほど

ヤシャゲンゴロウは夜叉ヶ池だけに生息する固有種

登り上げると、道は尾根を巻くように水平に進む。しきりに鳴くセミの声が気ぜわしい。

やがてブナ林に入ると、前方に夜叉壁が望める。左に深く切れ込んだ池ノ又谷の瀬音を聞きながら、等高線に沿うようして進む。対岸の斜面の、盛りあがるような緑濃いブナの原生林に心が癒される。

1時間あまり歩いたところで、夜叉姫がここで身を清めたといわれる**❷幽玄の滝**（ゆうげんのたき）が右手に現れる。水辺にはほのかに紫がかったオオバギボウシの花が咲いている。

谷を渡り、対岸に移って源流に近くなると、前方の岩場を滑り落ちる昇竜の滝が見えてくる。水量の多い頃には昇竜のようにくねった白い水流を見せてくれる。その上には夜叉壁が威圧的な全貌を見せている。

池ノ又谷上部から見上げた夜叉壁の偉容

←雨乞い龍神伝説のある夜叉ヶ池。この池まででも登る価値がある
↑灌木に囲まれた三周ヶ岳頂上
→道脇に咲くヤマアジサイ

　道は草付きの斜面となり、露出した岩盤にロープが張られている。足場はしっかりしているので、自分の手と足で確実に登ろう。このあたり、シモツケソウやママコナ、イワカガミなど花が多いところだ。

　急な斜面を登りきると県境稜線で、反対側に忽然と青い水面の大きな池が現れる。❸夜叉ヶ池だ。その突然の出現に思わず興奮する。少し寄り道をして池に下りてみよう。木道が設置してあり気持ちよく楽しめる。

　ここは雨乞い龍神伝説の池で、泉鏡花の戯曲にもなっている。水生昆虫のヤシャゲンゴロウが生息しており、希少野生動植物種として保護されている。

### 踏み跡不明瞭な尾根をたどり夜叉ヶ池から三周ヶ岳へ

　池を出て北東に折れ、三周ヶ岳に向かう。最初は急坂を登るが、笹が道を覆いつくしている。両手で笹を掻き分けながら、足もとの踏み跡を、足裏の感覚を頼りに進む。間もなく最初のコブに着くが、ここも藪がひどい。右手には夜叉壁が切れ落ちている。

　小さなコブをいくつか越えて急坂を登ると、小さな裸地のピークに着く。見晴らしがよく、ここが頂上かと思いきや、三周ヶ岳は北方はるか彼方、いくつかの峰の先にある。

　この先もさらにササ藪がひどくなり、右側が崩壊した尾根を進む。やがて、金ヶ丸谷の源流が突き上げるピークで岐阜・福井の県境と分かれ、北へと稜線を進む。この先の鞍部にはぬかるんでいるところがあるので気をつけたい。

　ここから最後の藪こぎの登りでようやく❹三周ヶ岳の頂上に達する。一等三角点と小さな標識があるのみで、周囲は灌木に囲まれ展望は

## 福井県側から登るコースもおすすめ

　三周ヶ岳には、福井県側の岩谷登山口から登るコースもある。夜叉ヶ池までは岐阜側からに比べ50分ほど多く時間がかかるが、通過困難箇所はなく、美しいブナ林も楽しめる。アクセスは北陸自動車道・今庄ICか北陸本線今庄駅からタクシー利用となり、登山口までは30分ほど。無料駐車場あり。

夜叉ヶ池には、雨乞いの生け贄として山麓の村の娘が夜叉ヶ池に住む龍神に嫁いだ龍神伝説が残る。娘会いたさに池に出かけた父の前に現れたのは龍になった娘だったという悲しい伝説だ。

源流地帯にある昇竜の滝。水量が多いときはまさに竜のよう

夜叉ヶ池手前の岩場。足場はしっかりしている

まったくきかない。苦労して歩いた割には報われない（？）頂上だ。

帰りは足元に気をつけたい。夜叉ヶ池まで下りて、やっとホッとできる。なお、夜叉ヶ池〜三周ヶ岳間の道は藪のため、長袖・長ズボンに加えて手袋が必要だ。　　　　（取材／島田靖）

**立ち寄りスポット**

## 道の駅夜叉ヶ池の里さかうち
みちのえきやしゃがいけのさとさかうち

国道303号沿い、坂内広瀬地区にある道の駅。ジビエ料理を出す珍しい道の駅として知られ、鹿カレーをはじめ、鹿肉を使ったジビエバーグ、ジビエステーキ丼、ジビエ陶板焼き、ジビエ味噌煮込み丼などはここならではのもの。☎0585-53-2262。8〜17時。水曜休（祝日の場合は翌日）。

# 冠山
かんむりやま

| 歩行時間 | **2**時間**55**分 |
| --- | --- |
| 登山難易度 | **初級** |
| 技術度 ★★☆ 体力度 ★☆☆ | |

冠山峠付近から、烏帽子にも見える冠山の怪峰を望む

## 登山データ

| 標　　高 | **1257**m |
| --- | --- |
| 総歩行距離 | **4.5**km |
| 累積標高差 | 上り：**399**m<br>下り：**399**m |

## 問合せ先

揖斐川町藤橋振興事務所産業振興係
☎0585-52-2111
池田町産業振興課
☎0778-44-8002
根尾タクシー（要予約）
☎0581-38-2013

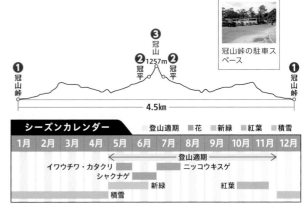

冠山峠の駐車スペース

## シーズンカレンダー

登山適期　花　新緑　紅葉　積雪

| 1月 | 2月 | 3月 | 4月 | 5月 | 6月 | 7月 | 8月 | 9月 | 10月 | 11月 | 12月 |
| --- | --- | --- | --- | --- | --- | --- | --- | --- | --- | --- | --- |
| | | | | ←──── 登山適期 ────→ | | | | | | | |
| | イワウチワ・カタクリ | | | ニッコウキスゲ | | | | | | | |
| | | シャクナゲ | | | | | | | | | |
| | | | 新緑 | | | | | 紅葉 | | | |
| 積雪 | | | | | | | | | | | |

**コースMEMO**  冠平より東への笹原には、踏み跡らしきものが見えるが、すぐに道は消滅するので行ってはいけない。この山は、冠山峠から頂上までを往復するコース以外に登山道はない。

| | | | |
|---|---|---|---|
| 公共交通 | 樽見鉄道 **樽見駅** | タクシー 約1時間30分・1万4000円前後 | ▲ **冠山峠** |
| クルマ | 東海環状自動車道 **大垣西IC** | 国道417号、冠山林道 経由で約68km | ▲ **冠山峠** |
| | 北陸自動車道 **武生IC** | 国道417号、冠山林道 経由で約40km | P冠山峠に20数 台分のスペース |

**ヒント** 路線バスはなく、マイカー向き。冠山林道は冬期通行止めで、積雪の状況によって春の開通日は異なる。通行止めになることも多い林道なので、事前に確認を。最盛期の冠山峠の駐車スペースは混雑するので早めの到着を。

**プロフィール** 冠山峠近くから眺める冠山の姿は美濃の怪峰と呼ぶにふさわしい。烏帽子の形にも似た偉容を誇り、登山意欲をそそる。山名は醍醐天皇が名付けたものといわれ、頂上からは大展望が広がる。かつては秘境だったが、林道の開通で手軽な山となった。

### 冠山峠の登山口から よく整備された道を冠平へ

登山口にあたる❶**冠山峠**には、大きな石碑と揖斐川源流の石柱が立つ。ここには道路を拡張した形の駐車スペースが作られているが、峠の西側の金草岳に登る登山者もいるせいか、花や紅葉の時期は路肩に停めるしかない状況にもなりがちだ。シーズンの休日はできるだけ早め

冠山への登りから冠平を振り返る

に到着するようにしたい。

　林道開通記念碑の横から東に向かって平坦な広い道を進むと、すぐに正面の山へと急な登りとなる。登り詰めたところが1156mの小ピークである。ここから南へと折れてゆるく下っていくと、正面に冠山が見えてくる。いまからあの頂に立つと思うと、得も言われぬ期待感が湧いてくる。

　ブナの原生林のなかを登る。新緑や紅葉の時期は美しい景観を見せる。小さな登り返しを繰り返しながら最低鞍部へと進む。よく整備された道は心地よく、足取りも軽い。

　ブナやシナの木が茂る木陰の道を登っていくと、道は尾根の左側を巻いて進むようになり、リョウブの白い花が賑わしく咲き乱れている。しばらくすると前方が開けてくる。❷**冠平**と

気分よく歩けるブナの原生林

89

←冠平から見た冠
山。頂上まではあ
と少し
↑冠山の頂上。北
アルプスも望む大
きな展望が広がる
→登山道にはリョ
ウブの花が多い

呼ばれる広い笹の原だ。冠山の山頂へはここから右折することになるが、少し寄り道してみることにする。

真ん中に広場があり、水はけのよさそうなかなり広い裸地になっている。一服するのには好都合の場所だ。冠平の標識があり、片隅に遭難碑がある。

記述をみると昭和31年11月1日、福井銀行の一行24名が登山し、急な悪天候のために視界を失ってここで一夜を明かしたが、2名が帰らぬ人となったと記されている。こんなところでも、と戒められることがらだ。このあたり、初夏にはニッコウキスゲの花でオレンジ色に染まるところでもある。

## 岩場やロープ場を越え いよいよ冠山の頂上へ

ここから眺める冠山は、南方すぐ先にそびえ立っている。スリルと緊張を強いられる最後の登りである。登りにかかるとヒトツバヨモギ、ミヤマセンキュウなどとともにカライトソウの可愛いいピンクの花があり、緊張がほぐれる。

すぐに岩壁が現れるが、足場はしっかりしていて見かけほど難しくはない。その上にはさらに大きな岩壁帯がある。ここはロープがあるので慎重に登りたい。

### COLUMN

## 藤橋城・西美濃プラネタリウム
<small>ふじはしじょう・にしみの</small>

国道417号線沿い、徳山ダムと横山ダムの間にある城形のプラネタリウム。隣接して茅葺きの復元民家5棟が立ち並ぶ藤橋歴史民俗資料館があり、古民具などを展示する。食事処や物産店もある。☎0585-52-2611。入館料500円（資料館と共通）。10時〜16時30分。月・火曜（12〜3月は全日）休。

初夏、冠平に咲くニッコウキスゲ

  アクセスのヒントでも書いたが、冠山林道は舗装こそされているものの、急峻な地形に作られた隘路である。大雨や台風など悪天候の直後は崖崩れの危険もあり、安易に走行しないほうがいい。

冠平〜冠山間のロープ場。下りは慎重に

頂上へと続く岩場は難しくはないが急で疲れる

稜線近くになるとノリウツギやミヤマホツツジなどの低灌木が生い茂る。稜線から左手に曲がればすぐに、三等三角点のある❸冠山（かんむりやま）の頂上に達する。頂上はさほど広くはないが、すばらしい展望を与えてくれる。伊吹山や白山、北には遠く北アルプスの山々も遠望できるが、なんといっても眼下に見はるかす奥美濃の山並みの重なりがすばらしい。南側は目もくらむ大岩壁帯で切り立っているので気をつけたい。

下山は往路を引き返すが、冠平までの岩壁帯だけは慎重に下りたい。　（取材／島田靖）

## 立ち寄りスポット

### いび川温泉 藤橋の湯
いびがわおんせん ふじはしのゆ

国道303号線沿い、道の駅星のふる里ふじはし内にあり、男女別の内湯と露天風呂が人気。道の駅の徳山民俗資料収蔵庫には国指定重要有形民俗文化財「徳山の山村生産用具」を展示している。☎0585-52-1126。入浴料540円。10〜21時（冬期は〜20時）。木曜（祝日の場合は翌日）・年末年始休。

❶冠山峠 —1:20→ ❷冠平 —0:20→ ❸冠山 —0:15→ ❷冠平 —1:00→ ❶冠山峠

# 能郷白山

のうごうはくさん

| 歩行時間 | **4**時間**10**分 |
| --- | --- |
| 登山難易度 | **初級** |

技術度 ★★☆　体力度 ★★☆

頂上付近から振り返ると、歩いてきた尾根がなだらかに広がる

## 登山データ

| 標　　高 | **1617**m |
| --- | --- |
| 総歩行距離 | **4.9**km |
| 累積標高差 | 上り：**668**m<br>下り：**668**m |

## 問合せ先

本巣市根尾総合支所
☎0581-38-2511
大野市商工観光振興課
☎0779-64-4816
根尾タクシー（要予約）
☎0581-38-2013

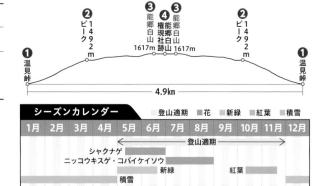

**①** 温見峠

**②** ピーク 1492m

**③** 能郷白山 1617m

**④** 権現社跡

**③** 能郷白山 1617m

**②** ピーク 1492m

**①** 温見峠

← 4.9km →

### シーズンカレンダー

登山適期　■花　■新緑　■紅葉　■積雪

| 1月 | 2月 | 3月 | 4月 | 5月 | 6月 | 7月 | 8月 | 9月 | 10月 | 11月 | 12月 |
| --- | --- | --- | --- | --- | --- | --- | --- | --- | --- | --- | --- |

← 登山適期 →

シャクナゲ
ニッコウキスゲ・コバイケイソウ
新緑
紅葉
積雪

 **コース MEMO**　能郷白山には、南面の根尾能郷谷〜前山を経て登るコースもある。頂上まで4時間前後かかるが、通過困難箇所もなく、温見峠への道路が開通する前の5月中旬頃までは利用価値が高い。

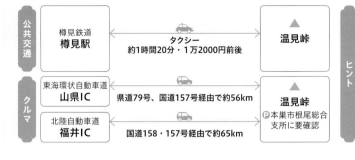

| | | | |
|---|---|---|---|
| 公共交通 | 樽見鉄道 **樽見駅** | タクシー 約1時間20分・1万2000円前後 | ▲ 温見峠 |
| クルマ | 東海環状自動車道 **山県IC** | 県道79号、国道157号経由で約56km | ▲ 温見峠 P本巣市根尾総合支所に要確認 |
| | 北陸自動車道 **福井IC** | 国道158・157号経由で約65km | |

**ヒント** 路線バスはなく、マイカー向き。国道157号は温見峠の前後で冬期通行止めとなり、例年、5月中旬頃に開通する。道路状況および駐車スペースについては、事前に本巣市根尾総合支所に問い合わせてから出かけたい。

**プロフィール** 奥美濃の盟主である日本二百名山の能郷白山は、養老2年（718）に白山を開いた泰澄の開山によるもの。頂上には能郷白山権現が祀られ、毎年4月13日には麓の根尾能郷の白山神社里宮で、国の重要無形文化財「能郷の能・狂言」が奉納上演される。

### ブナ林からササ薮の急登 1492mピークでやれやれ

❶**温見峠**（ぬくみとうげ）はまさに県境であり、その頂点から南側へと登山道が始まっている。この道は昭和63年9月開設と標識にあるように、比較的新しい登山道である。それまでは本巣市根尾の能郷谷コースがメインコースだったが、登山口に至る林道が台風や豪雨などによりしばしば崩

コース前半はブナ林の登りが続く

コース上のナナカマドが赤い実をつけていた

壊し、車の通行ができなくなる状況が発生していた。能郷谷登山口まで数kmにわたって歩かなければならないこともたびたびで、そのために近年は、温見峠からの登山道に登山者が集中するようになっている。

峠からはまず、切り通しの土手の階段を登る。やがてブナ林のなかのゆるい登りが始まり、野鳥のさえずりが響く明るく歩きやすい道が続く。道は次第に傾斜を増してくる。

峠をスタートして10分も歩いたところに熊よけであろう鉄の鐘が吊るしてあり、棒も一緒にぶら下がっている。登山者が少ない日は2、3回たたいてから登ろう。

県境の尾根を忠実に直登する。途中、右側に巻いて急斜面をやり過ごすが、また尾根に戻るところの段差が大きく、このあたりからは両手

←頂上付近からの眺め。遠く北アルプスも望める
↑灌木に囲まれた頂上には一等三角点が立つ
→コースの途中にある熊よけの鐘

を使って木の根っこや岩をつかんでバランスをとりながら登りたい。

傾斜はさらに強くなって足場も悪くなる。息が上がらない程度にゆっくり登りたい。道はやがて、多少ジグザグ気味にはなるが急登は変わらない。基本的には、傾斜のきつい尾根上を登ることで一気に高度を上げていく感じだ。

急登は続くものの、周囲のヤマモミジやナナカマドなどは美しい紅葉を期待させ、また、ユキザサ、ヨツバヒヨドリ、シモツケソウなどの花々がクマザサの間に同居して目を楽しませてくれる。1時間半ほど登ってようやく❷1492mピークにたどり着く。急登もここで終わり。やれやれとひと息いれるところである。

### さわやかな稜線歩きのあとは　能郷白山権現からの大展望

1492mピークを過ぎると道はゆるやかになり、しばらくは矮小化した低いブナの木が木陰をくれる。このあたりから頂上方面のたおやかな稜線を望むことができる。

すこし下り気味に行くと中間点の標識があり、残りあと1.2km。周囲にはミズキやノリウツギが白い花をつけ、ササ原の道の両側には

ミネカエデ、イチイ、ミズキ、ダケカンバなどが特徴ある姿で迎えてくれる。なかでもナナカマドは圧倒的に多く、初夏には白い花、そして秋には真っ赤な実を重たいほどにつけて、登山者の目を楽しませてくれる。

最後にひと登りすれば❸能郷白山（のうごうはくさん）の頂上。コース後半がゆるやかなので、登りつめたという感覚はないが、笹原と灌木に囲まれた小さな裸地には一等三角点が立つ。

頂上は残念ながら展望がないので、頂上稜線を南西へと能郷白山権現社跡に向かおう。道が

COLUMN

#### 散り際に淡墨色となる　根尾谷淡墨桜

福島の三春滝桜、山梨の山高神代桜とともに日本三大桜と呼ばれる名桜。国指定天然記念物。樹高17.3m、幹囲9.4mで、樹齢は1500余年といわれる。本巣市ホームページに開花状況が掲載される。

国道157号は根尾の集落から道幅が狭くなるので対向車には注意したい。福井側からのほうがいくぶん走りやすいかもしれない。温見峠の前後は、落石にも十分気を配って走ろう。

権現社跡の南側にはコバイケイソウが数多く咲く

広いササ原になれば❹**能郷白山権現社跡**<sub>のうごうはくさんごんげんしゃあと</sub>が現れる。能郷白山の広い頂上部の一角ではあるが、権現社跡まで行くと大展望が待っている。伊吹山から白山、恵那山、御嶽山、乗鞍岳などを見はるかす景観が広がる。初夏には、南西側の磯倉岳へと続く斜面に広がるコバイケイソウの大群落も楽しみの一つである。

　帰路は往路を戻るが、後半の急斜面は手も活用して安全に下りたい。　　　（取材／島田靖）

立ち寄りスポット

## うすずみ温泉四季彩館
うすずみおんせんしきさいかん

　国道157号が通る根尾門脇地区にある道の駅、「うすずみ桜の里ねお」に隣接する公営温泉宿泊施設。五右衛門風呂をはじめ、ピンク色の湯につかる桜乃湯、露天づくりの弥次喜多乃湯、大釜のある淡墨乃湯など、ユニークな風呂が勢揃いしている。また、道の駅には淡墨とうふなど根尾の特産物が並ぶほか、道路情報館や休憩コーナーが設置されている。☎0581-38-3678。入浴料850円。10時30分〜19時。月曜休（祝日の場合は翌日。特別期の月曜は除く）。

南麓の根尾大河原あたりからわずかに望める能郷白山

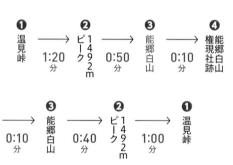

| ❶ | | ❷ | | ❸ | | ❹ |
|---|---|---|---|---|---|---|
| 温見峠 | →1:20分 | ピーク1492m | →0:50分 | 能郷白山 | →0:10分 | 権現社跡 能郷白山 |

| | | ❸ | | ❷ | | ❶ |
|---|---|---|---|---|---|---|
| | →0:10分 | 能郷白山 | →0:40分 | ピーク1492m | →1:00分 | 温見峠 |

能郷白山

1:25,000
0　　250　　500m
1cm=250m
等高線は10mごと

大野市街

P
1040
❶温見峠
157

ピークでコースは方向を変える

ブナ林の急坂

根尾能郷・うすずみ温泉

・1114

❷1492mピーク

中間点の標識

ナナカマドが多い

福井県
大野市

岐阜県
本巣市

❸能郷白山

1617

能郷白山
権現社跡 ❹

コバイケイソウ
ニッコウキスゲ

360度のパノラマ

磯倉岳　　揖斐川町　　前山・根尾能郷

# 高賀山
こうがさん

| 歩 行 時 間 | **3**時間**25**分 |
|---|---|
| 登山難易度 | **初級** |

技術度 ★★☆ 体力度 ★★☆

高賀山頂上。ここから見える山を指し示す山名案内板がいくつも立つ

## 登山データ

| 標　　高 | **1224** m |
|---|---|
| 総歩行距離 | **4.9** km |
| 累積標高差 | 上り：**769** m 下り：**769** m |

## 問合せ先

関市観光課
☎0575-23-7704
関市洞戸事務所
☎0581-58-2111
美濃タクシー
☎0575-33-1170

❶高賀の森公園駐車場　❷あずま屋　❸岩屋　❹御坂峠　❺高賀山 1224m　❹御坂峠　❸岩屋　❷あずま屋　❶高賀の森公園駐車場

4.9km

## シーズンカレンダー

■登山適期　■花　■新緑　■紅葉　■積雪

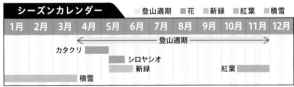

| 1月 | 2月 | 3月 | 4月 | 5月 | 6月 | 7月 | 8月 | 9月 | 10月 | 11月 | 12月 |
|---|---|---|---|---|---|---|---|---|---|---|---|

←　　　　登山適期　　　　→

カタクリ
シロヤシオ
新緑
紅葉
積雪

 コースMEMO　このコースの踏ん張りどころは七曲から御坂峠の間。段差の大きい急坂が続き、特に下りでは足への負担が大きくなる。登りでいかにセーブするかがポイントになりそう。

| | | | |
|---|---|---|---|
| **公共交通** | 長良川鉄道<br>越美南線<br>**美濃市駅** | タクシー<br>約45分・9500円前後 | ▲<br>**高賀の森公園<br>駐車場** |
| **クルマ** | 東海北陸自動車道<br>**美濃IC** | 県道81号、国道256号<br>経由で約26km | **高賀の森公園<br>駐車場**<br>Ｐ30〜40台収容。<br>無料 |

**ヒント** マイカー向きの山。高賀神社のずいぶん手前の高賀口までの路線バスはあるが、本数が少ないうえに乗り換えが必要で、さらにバス停から登山口まで歩いて1時間30分前後かかるため、日帰りでの登山は困難になる。

**プロフィール** 高賀山は、瓢ヶ岳、今淵ヶ岳とともに高賀三山と呼ばれ、そのなかの最高峰でもある。山麓の高賀神社は奈良時代の建立とされ、古くから山岳信仰の山として知られてきた。コース中盤は急坂が続き、そうそう楽には登らせてくれない。

### ▲ 深い樹林のなかの道を まずは岩屋まで

登山口は❶**高賀の森公園駐車場**。収容台数は多いが、トイレが少ないので、事前にすませておこう。駐車場から道路を横切って正面の広い道に入る。しばらくの間、杉林の間の道をゆるやかに登る。足慣らしにはちょうどいい。

道はやがて林道にぶつかり、右に少し行くと

林道に立つあずま屋。手前の道標から登る

七曲から先は岩がごろごろした道が続く

❷**あずま屋**が立つ。このあずま屋の手前から左へと続くのが高賀山登山道だ。林道をそのまま行ってしまわないよう気をつけたい。

道はほどなく、垢とり場（清場）との看板が立てられた場所に着く。修験者や円空上人が高賀山に登る際、ここで身を清めてから登ったといわれる。垢とり場を過ぎるとすぐに長い木橋が沢にかけられている。一度に5人以上渡ってはいけないと表示されているが、最近かけ替えられ、ぐらぐら度はずいぶん減った。

木地師古屋敷跡の看板を過ぎると道には岩がごろごろし始め、七曲と書かれた看板から先は、文字通り、九十九折の道となって高度をぐんぐん上げていく。

小沢で対岸に渡って泥の斜面を登っていくと、岩小屋風の巨岩が右手に現れ、その先に

←コース途中で出合う大木。スギ(左)とモミノキ
↑岩屋近くを下山する登山者
→コースのほぼ中間点となる岩屋

は、杉の大木が天に向かって梢を伸ばしている。この杉の大木を通り過ぎればほどなく❸岩屋（いわや）で、大人4〜5人は寝られそうな規模だ。

　ここには「頂上まであと1400M」と書かれた道標が立つ。難なく頂上と思える距離だが、御坂峠まではさらに斜度を増し、これがけっこう疲れる。あせらずゆっくりと登りたい。

### 御坂峠から高賀山に立ち 急勾配の往路を戻る

　息を切らしつつ、樹林帯の急坂を登る。苦労の末にやっとたどりついた❹御坂峠（みさかとうげ）は、これといった特徴のない峠で、峠の向こう側、5mほど下には立派に舗装された林道が走っている。おまけに、道標に書かれた高賀山頂上までの距離はあと800m。岩屋からまだ半分も来ていない。ちょっとがっくりくるが、峠から頂上までの道は傾斜もずいぶん落ち、これまでと比べればずいぶん楽な道だ。

　頂上に向けて歩き出してしばらくすると、熊除けの鐘がぶら下がっている。単独行や平日で登山者が少ない場合は、一度、鐘をたたいてからまた歩き続けよう。

　道は灌木帯で明るくなったり、深い樹林で暗くなったりを繰り返しながら、ゆるやかに高度を上げていく。歩きやすい道は続き、樹林が途切れて木段を登れば、一等三角点の置かれた❺高賀山（こうがさん）の頂だ。天気がよければ、北アルプスや白山などのパノラマが広がるので、ゆったりと時間を過ごしたい。

　ところでこの山の頂上には、ここから見える山々を指し示す山名案内板がいくつもあり、よく見ると山名以外にもたくさんの文字や絵が書かれている。落書きだ。そのためのペンさえ置かれていたかつてと比べ、最近は山名板に落書

＿＿＿＿＿ 立ち寄りスポット ＿＿＿＿＿

### 高賀自然公園
こうがしぜんこうえん

　登山口へと続く車道沿いに流れる高賀川一帯は渓谷美を誇る自然公園となっていて、新緑や紅葉の時期は多くの人が訪れる。渓谷沿いには、シドニー五輪マラソン金メダリストの高橋尚子さんも汲んだ名水として知られる高賀神水庵（写真。初穂料100円で40リットルまで）や古刹の蓮華峯寺などがある。

MEMO　高賀山麓（こうが）の高賀神社は、江戸時代の僧・仏師である円空ともゆかりが深く、多くの円空仏がこの地に残されたといわれる。神社に隣接して、関市洞戸円空記念館が建てられている。

きする人も減っているようだが、何といっても落書きOKの珍しい頂上である。しゃれた言葉や絵を残すのもおもしろそうだ。

　下りは往路を戻るが、段差の大きい箇所が多い。特に御坂峠〜岩屋間はストックをフル活用し、足をいたわりながら下ろう。

（取材／森田秀巳）

カエデの緑鮮やかな御坂峠〜高賀山の登山道

**❶** 高賀の森公園 駐車場 —→ 0:20 **❷** あずま屋 —→ 0:35 **❸** 岩屋 —→ 0:30 **❹** 御坂峠 —→ 0:35 **❺** 高賀山 —→ 0:25 **❹** 御坂峠 —→ 0:20 **❸** 岩屋 —→ 0:25 **❷** あずま屋 —→ 0:15 **❶** 高賀の森公園 駐車場

高 賀 山

1:25,000
0　　250　　500m
1cm=250m
等高線は10mごと

N

• 904

大きな展望が広がる

**❺** 高賀山
▲ 1224

郡上市

• 1092

すぐ下に舗装された林道

**❹** 御坂峠
1075

急坂が続く

• 888

岐阜県
関市

• 906

← 0:20
0:30 →

**❸** 岩屋

徒渉箇所は増水時要注意

七曲
← 0:25
0:35 →

大きな木橋

• 753

• 904

垢とり場

**❷** あずま屋

林道に出たら右に行き、あずま屋の手前を左に入る

植林のなかのゆるやかな道

• 536

← 0:15
0:20 →

• 1111

**❶** 高賀の森公園駐車場

• 773

• 538

• 972

賀口バス停〜高賀の森公園車場間は徒歩約1時間30分。だしバスは極端に少ない

高賀神社
円空記念館

高賀神水庵・高賀口バス停

車はこちらの道を行ったほうがいい

# 白草山
しらくさやま

| 歩行時間 | **3**時間**50**分 |
| --- | --- |
| 登山難易度 | **初級** |

技術度 ★☆☆ 体力度 ★★☆

箱岩山の中腹からなだらかな白草山を望む

## 登山データ

| 標高 | **1669**m（箱岩山） |
| --- | --- |
| 総歩行距離 | **8.6**km |
| 累積標高差 | 上り：**812**m<br>下り：**812**m |

### 問合せ先

下呂市観光課
☎0576-24-2222
濃飛バス下呂営業所
☎0576-25-2126
下呂名鉄タクシー
☎0576-25-4141

❶黒谷林道ゲート ❷登山道入口 ❸白草山・箱岩山分岐 ❹白草山 ❸白草山・箱岩山分岐 ❺箱岩山 ❸白草山・箱岩山分岐 ❷登山道入口 ❶黒谷林道ゲート
1641m 1669m
8.6km

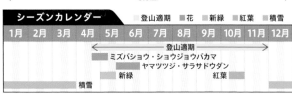

**シーズンカレンダー** ▷ ■登山適期 ■花 ■新緑 ■紅葉 ■積雪

| 1月 | 2月 | 3月 | 4月 | 5月 | 6月 | 7月 | 8月 | 9月 | 10月 | 11月 | 12月 |
| --- | --- | --- | --- | --- | --- | --- | --- | --- | --- | --- | --- |
| | | | ◀ | | | 登山適期 | | | ▶ | | |
| | | | | ミズバショウ・ショウジョウバカマ | | | | | | | |
| | | | | | ヤマツツジ・サラサドウダン | | | | | | |
| | | | | 新緑 | | | | | 紅葉 | | |
| | | 積雪 | | | | | | | | | |

  コースタイムとバス時間を考慮すると往復バス利用は無理。行き、または帰りはタクシー利用となる。下呂駅から黒谷林道ゲートまでのタクシー料金は6500円前後。

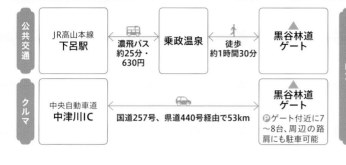

| 公共交通 | JR高山本線 下呂駅 | →濃飛バス 約25分・630円→ | 乗政温泉 | ←徒歩 約1時間30分→ | 黒谷林道 ゲート |
|---|---|---|---|---|---|

| クルマ | 中央自動車道 中津川IC | ←国道257号、県道440号経由で53km→ | 黒谷林道 ゲート ⓟゲート付近に7〜8台、周辺の路肩にも駐車可能 |
|---|---|---|---|

乗政線バスは、往路1日4便、復路1日3便（土曜・休日は3便と2便）運行だが、復路最終が12時台のため、往復ともバス利用での登山は無理。クルマ利用が一般的。黒谷林道ゲートまでは全線舗装だが道幅は狭いので通行注意。

**プロフィール** 長野県王滝村と岐阜県下呂市の県境に位置する白草山は、下呂市民に愛される大展望の山。なだらかな山上からは御嶽山と小秀山を間近に、遠く恵那山や白山を一望できる。その名は山上を覆う笹原が日の光を浴びると白く輝いて見えるからと言われる。

### 黒谷林道から尾根道をたどり 三ツ岩を経て御嶽山を望む頂へ

❶**黒谷林道ゲート**で白草山登山道案内図をチェックしたら、未舗装林道をゆるやかに登っていく。林道が左へと回り込み、左手から流れ落ちる小沢を過ぎると、一部、急斜面から林道への落石があるので注意。右手が開けてくると、やがて❷**登山道入口**に到着する。

山頂までの距離が記された尾根道を行く

尾根道から里と周囲の山々を眺める

ここからは山道となるのでひと息入れていこう。まずは「山頂まで2.7km」の案内にしたがい木橋を渡る。はじめは豊かな水量の沢の右手を登っていく。沢沿いでもあり、岩混じりの道はけっこう苔が付着している。濡れていると滑るので注意したい。

沢沿いにはトチノキが梢を伸ばしており、秋

沢を渡り白草山登山道へと入る

←白草山の山頂から山上を雲に隠した御嶽山を望む
↑西側の展望が良い箱岩山
→白草山から小秀山方面を望む

なら足下に栃の実がたくさん落ちているだろう。沢沿いを離れ右へと山腹を折り返しながら登っていくと、30分ほどで尾根道となり、樹林帯から笹原の道に変わっていく。笹がけっこう高くしばらく展望はないが、ところどころ笹刈りされた箇所から里が見下ろせる。

　山頂まで1kmポストを過ぎると、笹が低くなり右前方に目指す白草山が見えてくる。朝方はその名の通り、笹が日の光を反射し白っぽく見える。やがて、山道左上にかつて信仰の対象だった三ツ岩がある。ここからひと登りで樹林に囲まれた鞍部の**❸箱岩山・白草山分岐**に到着する。春先はミズバショウが見られる。

　白草山へは右前方へと延びる道を進む。樹林を抜けわずかに下ると笹原になり、真正面に御嶽山が広がり感動的だ。あとは笹原のなかを登るのみ。振り返ると笹原のなかに山道が延びる箱岩山が広がっている。徐々に傾斜がゆるくなってくると**❹白草山**だ。

　広い山頂からは期待通りの大展望が広がり、天気がよければ北側に御嶽山、東側に小秀山、南東に遠く恵那山が望める。時間が許す限り、風に吹かれながらゆっくりしたい。

## ▲ 山頂展望を満喫したら 箱岩山を往復し往路を戻る

　山頂を満喫したら下山となるが、お隣の箱岩山の山頂も踏んでおきたい。**❸箱岩山・白草山分岐**まで戻り、笹原のなかを登っていく。振り返れば、まるで平原のようになだらかな白草山が広がっている。日の向きによって、やはり笹原が白っぽく見えるだろう。最後に短い樹林を抜ければ**❺箱岩山**の頂だ。箱岩山は樹林が邪魔をして御嶽山は見えないが、西側の展望が

尾根沿いにある三ツ岩

温泉は下呂温泉街に、クアガーデン露天風呂（☎0576-24-1182）、白鷺の湯（☎0576-25-2462）。中津川方面なら、付知峡倉屋温泉おんぽいの湯（☎0573-82-5311）がある。

白草山直下から見た箱岩山

優れ、晴れた日は白山が遠望できる。

　下山は❸箱岩山・白草山分岐に戻り往路を下るのみ。ただし、尾根道は笹の根が横切っていたりして、濡れていると滑りやすい。最後に苔むした岩道に気をつけて下れば❷登山道入口だ。あとは、のんびり林道を下り、❶黒谷林道ゲートへ。　　　　　（取材／松倉一夫）

**立ち寄りスポット**

## 乗政大滝
のりまさおおたき

　旧乗政キャンプ場（閉鎖）脇の駐車場から遊歩道を5分ほど下った乗政川の上流にある。幅2m、落差21mで水量も豊か。周囲は豊かな緑に包まれ、新緑や紅葉も見事。遊歩道沿いには大聖不動明王を祀る祠もある。

| ❶黒谷林道ゲート | → 0:30 | ❷登山道入口 | → 1:10 | ❸箱岩山・白草山分岐 | → 0:15 | ❹白草山 | → 0:10 | ❸箱岩山・白草山分岐 | → 0:15 | ❺箱岩山 | → 0:10 | ❸箱岩山・白草山分岐 | → 0:55 | ❷登山道入口 | → 0:25 | ❶黒谷林道ゲート |

• 1183

岐阜県
下呂市

乗政大滝川

Ｐ ❶黒谷林道ゲート

未舗装の林道を行く

Ｐ 旧乗政キャンプ場

▲高森山 1592

白山方面を展望

長野県
王滝村

915 ▲

登山道入口 ❷

沢沿いを行く

尾根上から白草山が見える

三ツ岩

0:25
0:30

❺箱岩山 1669

0:15
0:10

❸箱岩山・白草山分岐

0:10
0:15

旧キャンプ場から先は車道が狭くなるので、クルマの運転注意

0:55
1:10

1641 ▲ ❹白草山

1414 •

尾根に上がる

笹原が広がる気持ちいい斜面

• 1226

御嶽山や小秀山、恵那山などを望む

• 1559

鞍掛峠

**白草山**

1:25,000
0　　250　　500m
1cm=250m
等高線は10mごと

N

# 恵那山
えなさん

**岐阜県・長野県**

| 歩行時間 | **8**時間 |
|---|---|
| 登山難易度 | **中級** |

技術度 ★★☆ 体力度 ★★★

千両山からの恵那山。頂上（平坦な部分の左端）まではまだまだ遠い

## 登山データ

| 標　　高 | **2191**m 最高点 |
|---|---|
| 総歩行距離 | **12.7**km |
| 累積標高差 | 上り：**1336**m<br>下り：**1336**m |

## 問合せ先

中津川市観光課
☎0573-66-1111
ヘブンスそのはら
☎0265-44-2311
東鉄タクシー
☎0573-78-2135

❶神坂峠 ❷鳥越峠 ❸大判山 ❹天狗ナギ ❺前宮コース分岐 ❻恵那山 2190m ❺前宮コース分岐 ❹天狗ナギ ❸大判山 ❷鳥越峠 ❶神坂峠

神坂峠の駐車場

12.7km

## シーズンカレンダー

■登山適期 ■花 ■新緑 ■紅葉 ■積雪

| 1月 | 2月 | 3月 | 4月 | 5月 | 6月 | 7月 | 8月 | 9月 | 10月 | 11月 | 12月 |
|---|---|---|---|---|---|---|---|---|---|---|---|
| | | | | | ←　　　登山適期　　　→ | | | | | | |
| | マイヅルソウ・バイカオウレン | | | | | | | | | | |
| | | | | | シャクナゲ | | | | | | |
| | | | | | オサバグサ | | | | | | |
| | | | | | | | | | 紅葉 | | |
| | | | | 新緑 | | | 積雪 | | | | |

**コースMEMO** このコースは水場がないので、事前にたっぷり用意しておきたい。なお、歩行距離が長い恵那山では、神坂峠にある素泊まりの山小屋、萬岳荘に宿泊する手もある。予約は「ヘブンスそのはら」まで。

| | | | |
|---|---|---|---|
| 公共交通 | JR中央本線<br>**中津川駅** | 🚕 タクシー<br>約45分・8000円前後 | ▲<br>**神坂峠** |
| クルマ | 中央自動車道<br>**中津川IC** | 🚗 国道19号、県道7号、<br>林道大谷霧ヶ原線経由で約26km | ▲<br>**神坂峠**<br>🅿峠下に2カ所。<br>無料 |

**ヒント** 長野県側からのアクセスは富士見台高原ロープウェイ ヘブンスそのはらが起点となり、ロープウェイ、リフト、富士見台高原バスを乗り継いで神坂峠へ。アクセスの詳細はヘブンスそのはらのホームページに詳しい。

**プロフィール** 恵那山は木曽山脈の南端にあって、美濃第一の標高を誇り、岐阜県中津川市と長野県阿智村との県境に位置している。恵那山の名は天照大神胞衣伝説に由来するといわれ、また、山上に祀られる恵那神社七社の大権現と呼ばれたことから権現山の名もある。

### ▲ 神坂峠から登下降を繰り返し 前宮登山道分岐まで

この峠はかっての東山道で、信州へ抜ける重要な街道であったところ。峠には中世の遺物が発見され国の史跡に指定されている。

道標の立つ❶**神坂峠**の登山口から、ササの切り開きを尾根に沿って登っていく。足元にはマイズルソウやヒメタケシマランの小さな花が

頂上へと続くなだらかな稜線を歩く

咲き、目を楽しませてくれる。やがて千両山と呼ばれるピークに着くが、そこはみごとな眺望である。北には中央アルプスが雲海の彼方に浮かび、南方には恵那山の全容が見える。これほど大きな山なのかと驚くばかりだ。これからたどるコースを確認してみよう。

千両山からはウラジロモミやヒノキなど針葉樹が多くなり、徐々に下っていく。小さなコブを2つほど乗っ越し、南に折れてさらに下ると樹林のなかの❷**鳥越峠**に到着する

道はここから左に折れ、東側の山腹を巻くようにササ原を水平に続く。ブナやミズナラ、ヒノキ、ダケカンバ、ハウチワカエデなど種類も多くなってくる。シャクナゲが目立つ細い尾根上に出て急な登りでピークを越すと、右側はウバナギと呼ばれる断崖の崩壊地だ。

灌木に囲まれる五乃宮。頂上まではすぐ

105

←登りの途中、最後の展望が開ける大判山
↑避難小屋の恵那山山頂小屋。後方の大岩は好展望地
→前宮コース分岐に立つ道標

さらに登り返しを繰り返すと、三角点のある**❸大判山**に登り着く。広く開けて周囲に木が少ないので、このコース最後の展望所になる。中央アルプス、南アルプスや遠く北アルプス方面をしっかり眺めておこう。

ここからまた大きく下った鞍部には、頂上まで3.5kmの標識がある。相変わらずシャクナゲが多い。みごとなサラサドウダンの大木が目にとまる。モジズリ、シラタマノキなどの小さな花が可愛い。標高1820mのコブを登り返すと、**❹天狗ナギ**の大崩壊地にさしかかる。近年、稜線の道は進む崩壊にのみ込まれ、左の樹林帯に新しく迂回路が作られたので安心だ。

いったん下ると長く急な登りが続く。足場が悪いところもあり、帰路では要注意だ。岩や木の根をまたいで登りきると、**❺前宮コース分岐**に着く。これで頂上稜線へ登りきったことになり、あとは楽な稜線歩きとなる。

## なだらかな稜線を歩き恵那山の頂上をめざす

分岐から左に折れる。オオシラビソなどの樹林帯に、ほとんど変化のない平坦な道が続く。右側に二乃宮の社が立つ道端には、セリバシオガマ、ゴゼンタチバナなどの花が見られる。

三乃宮、四乃宮と次々に社が立ち、分岐から約30分も歩いたところに山頂小屋（避難小屋）が立っている。土間もあり、板の間もある立派なものだ。その先、黒井沢コースの合流点にはバイオトイレも設置されている。

さらに進むと、五乃宮、六乃宮と社を過ぎ、最後の奥社の先で広い**❻恵那山**の頂上に登り着く。頂上標識、一等三角点が立ち、大きな展望台も作られているが、登っても周囲はコメツガなどの木々にさえぎられ、展望はほとんどき

### 立ち寄りスポット

## 中津川温泉クアリゾート湯舟沢
なかつがわおんせんくありぞーとゆぶねさわ

露天風呂や打たせ湯などがある温泉ゾーンのほかに、バーデゾーンやプールゾーン、レストランなどがあり、三世代で楽しめる。隣接してホテル花更紗があり、前泊にもおすすめだ。☎0573-69-5000。入浴料600〜1000円。10〜22時（受付は〜21時30分）。第4木曜休（祝日の場合は翌日）。

コースMEMO　恵那山登山には現在4コースがあるが、いずれも長い登りが強いられる。長野県阿智村からの広河原コースは比較的新しく、距離が若干短いため登山者も多い。4コースとも登山口に駐車場あり。

かない。付近では、山頂小屋の裏手の大岩に登ると唯一すばらしい展望を楽しむことができる。なお、恵那山の最高点は、三乃宮近くに2191mの測点がある。

下山は往路を下るが、登り返しが多いため、所要時間や労力は登りのときと差がないと考えておいたほうがいい。　　　（取材／島田靖）

登山者たちが憩う恵那山頂上。展望は開けない

**❶** 神坂峠 →0:45→ **❷** 鳥越峠 →1:00→ **❸** 大判山 →1:10→ **❹** 天狗ナギ →1:10→ **❺** 前宮コース分岐 →0:30→ **❻** 恵那山 →0:25→ **❺** 前宮コース分岐 →0:45→ **❹** 天狗ナギ →0:40→ **❸** 大判山 →0:50→ **❷** 鳥越峠 →0:45→ **❶** 神坂峠

神坂峠から往復1時間。条件にもよるが日本百名山を23山見られるといわれる

神坂峠から往復20分。素泊まりだが3000円で宿泊できる

中津川IC △1247　1044•

•709　971•　　　　•1025　　富士見台 •1739

温川　　　•1169　1230　神坂小屋　萬岳荘

•68　　•1169　林道大谷霧ヶ原線　　神坂山　•1216
強清水　　　大檜駐車場 △1685　•1160　973•
•1118　1044•　•1221　1506　　一本立　古代東山道ルート
天狗谷　　•1365　神坂峠遺跡　池ノ平　•1357　中央自動車道
岐阜県　　　　•1569 **❶**神坂峠　恵那山トンネル △1142
中津川市　鳥越峠 **❷**　←0:45→パノラマコース

シャクナゲ群生地。花期は5月下旬から　1594•　←1:00→　富士見台　展望台～萬岳荘間富士見台高原バスが運行
ウバナギ　0:50→　　千両山。恵那山の眺めがよい　神坂神社　朝日松

大判山 **❸**　スーム黒岩沢　•1339　　•1622　展望リフト　•1174
530•　•1425　△1696　←1:10→　•1526　広河原登山口　展望台　山頂駅　富士見台ロープウェイ　山麓駅
天狗ナギ **❹**　0:40→　増水時通行不可　ヘブンスそのはらスノーワールド　ペアリフト
山時、進行句に注意　•1820　不動洞　•1198　長野県
1972•　←1:10→　•1716m地点　　•1444　阿智村　•1175
2127•　0:45→　急斜面が続く　広河原コース　1716m地点　•1211
コース　**❺**前宮コース分岐　•1722　　　この先は車両通行不可
0:30→0:25→　2182•　•1864　登山者用駐車場
•2191　恵那山山頂小屋　　　•1410　•1069　園原IC・JR飯田駅
乃宮付近が恵山の最高地点　恵那神社奥宮　•2190
恵那山 **❻**　2071•　ロープやハシゴが架かる
展望はない　•1992　•1876
815•　•1842　赤ナギ　1210△
1733　　　•野
黒井沢登山口　•1990
野能ノ池

**恵 那 山**

1:50,000
0　　500　　1000m
1cm＝500m
等高線は20mごと
N

## 展望広がる低山の連なりを歩くロングコース

### 27 各務原アルプス

| 標　高 | 384m(明王山) |
| --- | --- |
| 歩行時間 | 6時間30分 |
| 登山難易度 | 中級 |

**アクセス**

**公共交通**
[行き]名鉄犬山線新鵜沼駅→各務原ふれあいバス鵜沼線(約15分・100円)→うぬまの森前バス停
[帰り]東山バス停→各務原ふれあいバス蘇原線(約45分・100円)→名鉄各務原線各務原市役所前駅

**クルマ**
マイカーを利用すると縦走ができないため、バスかタクシーでアクセスする。

**問合先**
各務原市観光交流課☎058-383-9925
各務原市公共交通政策室(バス)☎058-383-9912

**プロフィール**　各務原市と関市の境に連なる300m級の連山。関市では関南アルプスとも呼ばれている。全長は10km以上、歩行時間も6時間超のロングコースだ。

## ツブラジイの森から岐阜城のたつ頂へ

### 28 金華山

| 標　高 | 329m |
| --- | --- |
| 歩行時間 | 2時間 |
| 登山難易度 | 初級 |

**アクセス**

**公共交通**
[往復]JR東海道本線岐阜駅→岐阜バス(約15分・220円)→岐阜公園歴史博物館前バス停

**クルマ**
東海北陸自動車道・岐阜各務原IC→国道21・156号、県道77・287号経由で約10km→岐阜公園
🅿岐阜公園の公設駐車場を利用。有料

**問合先**
岐阜市観光コンベンション課
☎058-265-3984
岐阜バス岐南営業所☎058-245-0711

**プロフィール**　金華山ロープウェイの通じる頂上には岐阜城がたつ。ツブラジイの花の頃、山が黄金色に輝くことから金華山の名がついたといわれる。

## 養老孝子伝説の滝もある養老山地の名山

### 29 養老山

| 標　高 | 859m |
| --- | --- |
| 歩行時間 | 3時間10分 |
| 登山難易度 | 初級 |

**アクセス**

**公共交通**
[往復]養老鉄道養老線養老駅→徒歩(約50分)→養老山登山口

**クルマ**
名神高速道路・大垣IC→国道258号、県道225・30・96号を経て約12km→養老の滝駐車場
🅿駐車場は約100台。有料

**問合先**
養老町商工観光課(養老町観光協会)
☎0584-32-1108
養老鉄道☎0584-78-3400

**プロフィール**　頂上に一等三角点が置かれる、養老山地を代表する山。山麓には、滝の水がお酒に変わったという養老孝子伝説で知られる養老の滝がある。

## 3つの山名を持つ土岐市の最高峰に登る

### 30 曽良山

| 標　高 | 712m |
| --- | --- |
| 歩行時間 | 2時間 |
| 登山難易度 | 初級 |

**アクセス**

**公共交通**
[往復]JR中央本線土岐市駅→タクシー(5500円前後)→曽木公園 ※タクシーは駅前に常駐している。

**クルマ**
東海環状自動車道・土岐南多治見IC→県道382・392・66号、国道363号経由で約13km→曽木公園
🅿曽木公園の駐車場。無料

**問合先**
土岐市曽木支所☎0572-52-3001
土岐市産業振興課☎0572-54-1111

**プロフィール**　曽良山の名以外に、鶴岡山、西山という3つの名を持つ山。北麓の曽木地区の人たちの尽力もあって、初級者でも登れる山になった。

# 三重県

## MIE

31 多度山 ⟶ P110

32 藤原岳 ⟶ P114

33 竜ヶ岳 ⟶ P118

34 釈迦ヶ岳 ⟶ P122

35 御在所岳 ⟶ P126

36 鎌ヶ岳 ⟶ P130

37 入道ヶ岳 ⟶ P134

38 仙ヶ岳 ⟶ P138

39 赤目四十八滝 ⟶ P142

40 倶留尊山 ⟶ P146

41 大洞山 ⟶ P146

# 多度山
たどやま

| 歩行時間 | 3時間25分 |
|---|---|
| 登山難易度 | 入門 |

技術度 ★☆☆　体力度 ★★☆

多度山の展望スポットからは、眼下に木曽三川の輪中（わじゅう）をはっきり確認できる

## 登山データ

| 標　　　高 | **478**m（コース最高点） |
|---|---|
| 総歩行距離 | **12.7**km |
| 累積標高差 | 上り：**802**m<br>下り：**802**m |

## 問合せ先

桑名市観光課
☎0594-24-1231
多度町観光協会
☎0594-48-2702

ポケットパークに車を置く

① ポケットパーク
② 多度山 403m
③ 多度峡・石津御嶽分岐
④ 河鹿橋
⑤ 多度峡
⑥ 多度大社
① ポケットパーク

12.7km

シーズンカレンダー　■登山適期　■花　■新緑　■紅葉　■積雪

| 1月 | 2月 | 3月 | 4月 | 5月 | 6月 | 7月 | 8月 | 9月 | 10月 | 11月 | 12月 |
|---|---|---|---|---|---|---|---|---|---|---|---|

登山適期
サクラ
イヌナシ
新緑
紅葉

コースMEMO　多度山には8つのハイキングコースが設定され、これらを組み合わせて歩くことができる。7月中旬〜8月末は多度川をせき止めた多度峡天然プールが登場するので、ハイキング後に水遊びも！

| 公共交通 | 養老鉄道養老線 多度駅 | → 徒歩約15分 → | ポケットパーク ▲ |
| | | → 徒歩約25分 → | 多度大社 ▽ |
| クルマ | 東名阪自動車道 桑名東IC | → 国道258号経由で8km → | ポケットパーク ▲ P約60台。無料 |

**ヒント**　駐車場はポケットパークのほかにも、駅前、大社前、愛宕神社など、複数の場所を利用できる。いろいろなハイキングコースがあるので、コースの組み合わせを変えて、何度も登ってみるのもおすすめだ。

**プロフィール**　三重県桑名市と岐阜県海津市にまたがる標高403mの多度山。南山麓には天下の奇祭ともいわれる「上げ馬神事」で知られる多度大社が鎮座、古来、神体山として仰がれてきた。一方で8つのハイキングコースが整備され、低山ハイキングスポットとしても人気だ。

### 「眺望満喫コース」で多度山上公園を目指す

　多度山に複数あるハイキングコースのなかで、今回紹介するのは山域の魅力を最も満喫できるルート。標高403mと低山でクサリ場やハシゴなどの難所はないが、距離は比較的長いので気を引き締めて挑戦しよう。

　スタートは駐車場の❶**ポケットパーク**。公共交通機関利用の場合は養老鉄道多度駅から徐々に勾配をあげていく坂道を15分ほど歩くので、良い準備運動になることだろう。

　まずはポケットパークに設置された案内板でルートを確認し、「眺望満喫コース」で山頂を目指す。九十九折の上り坂が続くが、アスファルトやコンクリートの舗装道で歩きやすく、第1見晴台・第2見晴台・第3見晴台・第4見晴台と定期的に休憩所が設けられているので、標高が高くなるにつれどんどんよくなる景色を楽しみながら息を整えつつ登っていける。第4見晴台から20分ほどで、多度山上公園入口のアー

チ看板が見えてくる。アーチをくぐり長い階段を登ると❷**多度山**頂上だ。頂上には二等三角点が設置され、すぐそばのあずま屋からは濃尾平野や木曽三川を眼下に、名古屋の高層ビルや晴れていれば御嶽山や中央アルプスまでを見晴らすことができる。昼食などを持参した人は、ここで取るのがおすすめだ。商売繁盛、家内安全、進学祈願にご利益がある高峯神社にもお参りを。

### せせらぎ心地よい森の道「瀬音の森コース」で下山

　たっぷり休んだら、「瀬音の森コース」で多度峡へ。多度山上公園からは登山道らしい未舗装の道となる。ただ、多度山の三角点がコースの最高点ではなく、「瀬音の森コース」に入っ

多度山上公園付近から、未舗装の山道らしい雰囲気に

111

←東麓の揖斐川から見上げた、なだらかな姿で横たわる多度山
↑木々に抱かれた瀬音の森コース
→ベンチが設置された海の見える展望所

ても道は最高点のまだまだ上り坂。中部電力多度中継所の鉄塔や❸多度峡・石津御嶽分岐を越え、伊勢湾を見晴らす海の見える展望所を過ぎたあたりから、道はようやくなだらかな下り基調となる。「瀬音の森コース」の大半は木立の中を歩く。要所要所に案内板や道標が設置されているので、確認しながら進んでいこう。

20～30分ほど下ると麓の方から水の音が聞こえ始める。やや単調なヒノキやスギ林の風景に飽きつつあるころだけに、一層せせらぎが心地よく、途中のお地蔵様にも心癒やされる。このお地蔵様に出会うとすぐに、❹河鹿橋に着く。河鹿橋の付近には国の天然記念物にも指定されるイヌナシ（マメナシ）の自生地・みどりヶ池があるので、開花シーズンであれば立ち寄ってみよう。もちろん案内板があるので迷うことはない。

### 多度峡から多度大社へ 見どころをたどって歩こう

河鹿橋から先は、多度大社のみそぎ場となっている高さ25mのみそぎ滝を中心とする渓谷、❺多度峡だ。ここまで来ればひと安心。春は新緑、夏は川をせき止めた天然プール、秋は紅葉と季節ごとに楽しみがあり、一年を通して観光客で賑わっている。多度峡からは「親水コース」を歩いて多度大社まで約1.2km。みそぎ橋を渡り、石の用水路沿いに進み、集落を抜けると多度大社前に出る。北伊勢地方の総氏神として崇められている❻多度大社で、ハイキングを無事に終えたお礼にお参りしたい。

多度大社からは、マイカー利用の場合は「のんびりコース」を歩いてポケットパークに戻る。愛宕神社やまちなみ展望台を通るゆるやかな上り坂になっているので、最後にもうひとがが

**COLUMN**

### 多度山を御神体とする 多度大社の祭をチェック！

5月4・5日に行われる上げ馬神事は700年以上前から続く行事。6人の少年騎手が出陣し、絶壁を一気に駆け上り、絶壁を乗り越えた回数で作物の出来具合を占う勇壮な祭りだ。馬上の射手が三カ所の的を矢継ぎ早に射抜く、11月23日の流鏑馬祭も多くの観衆で賑わう。☎0594-48-2037（多度大社）。

  桑名市では地元の伝統・文化を紹介するまちかど博物館を設定。多度の町にも、はじき猿博物館、多度祭資料館など、5つのまちかど博物館が点在しているので、立ち寄ってみよう。

多度峡。初夏にはゲンジボタルも舞うという

んばり！ちなみに、愛宕神社から多度山へ直登する最短ルート「健脚コース」が延びているので、健脚者はトライしてみよう。公共交通機関利用の場合は、飲食店やみやげ店が軒を連ねる多度大社参道の古い町並みを楽しみながら「街並コース」で多度駅へ。ゴールまでどちらも所要25分程度の行程だ。　　　（取材／川本桂子）

COLUMN

## 多度山の花々

本文でも触れた国指定天然記念物のイヌナシ（マメナシ）は東海エリア固有の珍しい植物だが、多度山では春から秋にかけ、山腹全体を黄色に彩るツブラジイをはじめ、イワカガミ、ショウジョウバカマ、タニウツギ、ササユリ（写真）、ヤマツツジ、センブリ、ホツツジなど、数多くの花に彩られる。歩きやすいコースなので、ときには足元にも注目してみてほしい。

| ❶ ポケットパーク | 1:00 | ❷ 多度山 | 0:30 | ❸ 多度峡・石津御嶽分岐 | 0:50 | ❹ 河鹿橋 | 0:15 | ❺ 多度峡 | 0:20 | ❻ 多度大社 | 0:30 | ❶ ポケットパーク |
|---|---|---|---|---|---|---|---|---|---|---|---|---|

多度山

1:29,000
0　250　500m
1cm＝290m
等高線は10mごと

❸多度峡・石津御嶽分岐
なだらかな登り下りが続く

海の見える展望所
山の見える展望所
中部電力
多度中継所

九十九折の
舗装路を行く

高峯神社

0:50
1:00
0:30
0:25

瀬音の森コース

❷多度山
403
多度山上公園

1:00
0:50

眺望満喫コース

•328

•353

第4見晴台
第3見晴台
第1見晴台

健脚コース

7月中旬〜8月末は、川をせき止めた天然プールが登場する

•251

まちなみ展望台
愛宕神社

城跡
神谷

多度山上公園入口の看板が目印

❶ポケットパーク

多度中

•212

0:25
0:30

養春院
多度あやめ病院

多度中小

❺多度峡

のんびりコース

多度駅

❹河鹿橋
みどり池
イヌナシ自生地

0:15
0:15

多度大社 ❻

0:20

みそぎ橋

街並コース

多度大社の参道。みやげ店や食事処が軒を連ねている

三重県
桑名市

岐阜県
海津市

養老鉄道

多度町柚井

尾津神社

養老線

多度町香取

グランヒル

# 藤原岳
ふじわらだけ

三重県・滋賀県

| 歩 行 時 間 | 4時間55分 |
|---|---|
| 登山難易度 | **中級** |

技術度 ★★☆ 体力度 ★★★

頂上へと続くカレンフェルトの道

## 登山データ

| 標　　　高 | **1140** m |
|---|---|
| 総歩行距離 | **7.8** km |
| 累積標高差 | 上り：**1034** m<br>下り：**1034** m |

### 問合せ先

いなべ市商工観光課
☎0594-86-7833
三岐鉄道西藤原駅
☎0594-46-2806

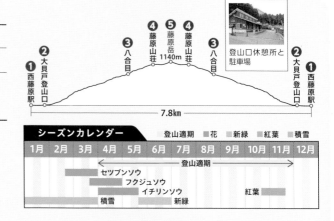

①西藤原駅　②大貝戸登山口　③八合目　④藤原山荘　⑤藤原岳 1140m　④藤原山荘　③八合目　②大貝戸登山口　①西藤原駅

登山口休憩所と駐車場

7.8km

### シーズンカレンダー

■登山適期　■花　■新緑　■紅葉　■積雪

| | 1月 | 2月 | 3月 | 4月 | 5月 | 6月 | 7月 | 8月 | 9月 | 10月 | 11月 | 12月 |
|---|---|---|---|---|---|---|---|---|---|---|---|---|
| 登山適期 | | | | ←──────── 登山適期 ────────→ | | | | | | | | |
| セツブンソウ | | | | | | | | | | | | |
| フクジュソウ | | | | | | | | | | | | |
| イチリンソウ | | | | | | | | | | | | |
| 紅葉 | | | | | | | | | | | | |
| 積雪 | | | | | | 新緑 | | | | | | |

コースMEMO　標高差1000m以上の大貝戸道の登り下りは、全行程5時間弱の歩行時間のうち4時近くを要する。春先は八合目から先は雪解けで道がぬかるんで滑りやすく、浮石にも注意して登ろう。

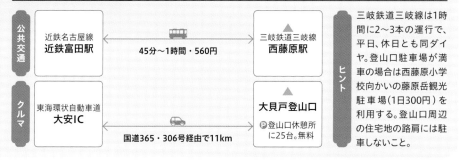

| 公共交通 | 近鉄名古屋線 **近鉄富田駅** | ←45分～1時間・560円→ | 三岐鉄道三岐線 **西藤原駅** |
| クルマ | 東海環状自動車道 **大安IC** | ←国道365・306号経由で11km→ | **大貝戸登山口** ₱登山口休憩所に25台。無料 |

**プロフィール** 花の百名山に数えられ、藤原岳を代表するフクジュソウをはじめ、春から夏にかけてさまざまな花が咲く。頂稜部は広大なカルスト台地を形成し、カレンフェルトが点在する独特の景観が広がる。登山道はよく整備されているが、累積標高差1000m以上を登るので、それなりに体力が必要だ。

### 西藤原駅をスタートして延々と続く急坂を登る

通過困難箇所や技術を要する岩場などはないが、初級者が安易な気持ちで登れる山ではない。登山道はよく整備されていて歩きやすいものの、累積標高差が1000m以上あり、途中平坦な道はあるものの、急な登りが八合目を過ぎても延々と続く。山慣れた人でも頂上台地の藤

フクジュソウは例年3月中旬から4月下旬まで見られる

原山荘にたどり着くまでに相当に体力を消耗するだろう。以前はよく歩かれていた聖宝寺道（裏登山道）は、登山道の崩壊による通行禁止は解除されたものの、依然として足元の悪い危険な箇所があるため、ここではメインルートの大貝戸道（表登山道）を行く。登山口から藤原山荘まで展望はほとんどないが、藤原山荘からの頂稜部は一転して展望の優れたカルスト地形の景観が広がる。

　三岐鉄道の❶**西藤原駅**から左へ進み、県道に出て道標に従って道なりに進むと、藤原岳登山口休憩所の立つ❷**大貝戸登山口**に着く。マイカー利用者はここに止めればよいが、収容台数が少ないため、シーズンの週末は早朝に満車になる。駐車場の先にある鳥居をくぐり、神武神社の脇をまっすぐに進んで登山道に入る。は

大展望の藤原岳頂上。目前に御池岳（右）も眺められる

←避難小屋の藤原
山荘前の広場は休
憩や昼食に最適
↑裏登山道が合流
する八合目。この
先も急登が続く
→神武神社の鳥居
をくぐり登山道に
入る

じめはスギ林の中を緩やかに登っていくが、堰堤工事が進む沢の脇に出たあたりから傾斜が増し、急坂を大きくジグザグに登って高度をかせぐ。二合目の標識を過ぎて、なおもジグザグに急坂を登りきると、広場になった四合目に着く。樹林に囲まれ展望はないが、丸太に腰掛けてひと休みしよう。

四合目からは春なら新緑がまぶしい明るい雑木林の中を緩やかに登っていく。再び傾斜が増してくると六合目に出て、スギ林の急斜面を大きくジグザグをきって登っていくと、やがて❸**八合目**の広場に着く。登山道の案内板が立ち、右から聖宝寺道が合流している。

### ▲ フクジュソウ咲く急登を越え カルスト台地の頂稜部へ

❸**八合目**から雑木林の中を緩やかに登ると、道はさらに急登になる。降雨の後は道がぬかるんで滑りやすいので注意したい。伊勢平野の展望が開ける九合目を過ぎると尾根筋の道になりいったん傾斜は緩むが、すぐに急登となる。石灰岩特有の露岩や浮石もあり少々歩きにくいが、このあたりは春にフクジュソウが多く見られるところだ。灌木帯に入り、急登をひと登

りすると、避難小屋の❹**藤原山荘**前の広場にたどり着く。左の藤原岳頂上、右の天狗岩方面の中継点にあり、広場で昼食をとる登山者も多い。

頂上へは、南へいったん鞍部まで下りてから登り返す。山頂部一帯は、石灰岩の地質のため高木が育たず見通しのいい草地の台地となっている。山荘から20分ほどで三角点のある❺**藤原岳**頂上に着く。頂上は狭いが、眺望はすばらしく、目前の御池岳や鈴鹿南部の山々が見渡せる。

展望を楽しんだら藤原山荘まで戻り、登って

## COLUMN

### 聖宝寺の「血のもみじ」

聖宝寺道の登山口に立つ臨済宗妙心寺派の禅寺。平安時代から残るという回遊式庭園の美しさと境内の紅葉が有名で、特にモミジは燃えさかるような真っ赤な色から「血のもみじ」とも称される。例年11月中旬～下旬にもみじ祭りが開催される。☎0594-46-8101。もみじ祭り期間中の入園は有料。

 コースMEMO 鈴鹿では昭和39年から34年間にわたって登山大会が開催され、その対象となった藤原岳、竜ヶ岳、釈迦ヶ岳、御在所岳、雨乞岳、鎌ヶ岳、入道ヶ岳はいまも鈴鹿セブンマウンテンと呼ばれ、親しまれている。

藤原山荘の北側の台地に林立するカレンフェルトは印象的

きた大貝戸道を下ればよいが、登山口までの下りは長いので、あせらずゆっくり下ろう。なお、時間と体力に余力があれば、山荘から県境縦走路を北へ向かい、天狗岩を往復してもよい。カレンフェルトが林立するカルスト地形特有の景観が広がり、花も多い。山荘から1時間ほどで往復できる。　　　　（取材／坂上和芳）

立ち寄りスポット

## いなべ市農業公園
いなべしのうぎょうこうえん

　東海エリア最大、38ヘクタールの梅林公園がある。実梅を中心とした広大な梅林やブルーベリー園からなり、3月の梅まつり、6月の梅の実もぎとり体験などが楽しめる。鈴鹿山脈を一望できる高所にあり、眺望と海の眺めのコントラストもすばらしい。☎0594-46-8377（いなべ市農業公園）。入園料500円。9〜16時。期間中無休。

| ❶西藤原駅 | | ❷大貝戸登山口 | | ❸八合目 | | ❹藤原山荘 | | ❺藤原岳 | | ❹藤原山荘 | | ❸八合目 | | ❷大貝戸登山口 | | ❶西藤原駅 |
|---|---|---|---|---|---|---|---|---|---|---|---|---|---|---|---|---|
| | 0:15 | | 1:40 | | 0:40 | | 0:20 | | 0:15 | | 0:30 | | 1:00 | | 0:15 | |

# 竜ヶ岳
りゅうがたけ

| | |
|---|---|
| 歩行時間 | **5**時間**15**分 |
| 登山難易度 | **中級** |
| 技術度 ★★☆ | 体力度 ★★★ |

ドーム状の山容が特徴的な竜ヶ岳頂稜部。ササ原を割って頂上にのびる爽快な登路を行く

## 登山データ

| 標高 | **1099**m |
|---|---|
| 総歩行距離 | **10.0**km |
| 累積標高差 | 上り：**1014**m 下り：**1014**m |

## 問合せ先

いなべ市商工観光課
☎0594-86-7833
宇賀渓観光案内所
☎0594-78-3737
近鉄タクシー（北勢配車センター）
☎0594-72-2727

❶宇賀渓駐車場
❷遠足尾根入口
❸金山尾根分岐
❹895m地点
❺遠足尾根・金山尾根分岐
❻竜ヶ岳 1099m
❺遠足尾根・金山尾根分岐
❼大鉢山分岐
❷遠足尾根入口
❶宇賀渓駐車場

——— 10.0km ———

### シーズンカレンダー

登山適期　■花　■新緑　■紅葉　■積雪

| 1月 | 2月 | 3月 | 4月 | 5月 | 6月 | 7月 | 8月 | 9月 | 10月 | 11月 | 12月 |
|---|---|---|---|---|---|---|---|---|---|---|---|

←――――――― 登山適期 ―――――――→

ミツバツツジ
シロヤシオ
　　　　　新緑　　　　　紅葉
積雪

コースMEMO　山頂周辺のササの平原はガスに巻かれると方向を見失いやすいので要注意。竜ヶ岳は登山道に細かく標識番号が掲げてあるので、観光案内所に置いてある登山道位置確認マップと照合しながら登るとよい。

| 公共交通 | 三岐鉄道北勢線<br>**阿下喜駅** | タクシー<br>約15分・3500円前後 | ▲<br>**宇賀渓駐車場** |
|---|---|---|---|
| クルマ | 東海環状自動車道<br>**大安IC** | 国道421号経由で8km | ▲<br>**宇賀渓駐車場**<br>Ｐ観光案内所横<br>に約160台。1日<br>500円 |
| | 名神高速道路<br>**八日市IC** | 国道421号経由で28km | |

**プロフィール** 鈴鹿セブンマウンテンのひとつに数えられ、長大な遠足尾根が東に張り出し、山麓から眺めるとどっしりとした山容を見せる。クマザサの平原が広がる山頂部は、5月になるとこの山のシンボルでもあるシロヤシオの群落が山肌を彩り、爽快な稜線漫歩となる。

### 変化に富んだ狭い尾根を急登して ササ原広がる大展望の山稜へ

土砂崩れによる登山道の崩壊で立入禁止となったホタガ谷（裏道）コースに代わり、宇賀渓から竜ヶ岳への一般ルートとなった金山尾根と遠足尾根。ここで登りに使う金山尾根は、狭い尾根の急坂をほぼ直登するような箇所が多く、それなりに体力が必要だ。山頂部は一面ササの平原で、大展望を楽しみながらの稜線漫歩とな

頂上から北に御池岳（左）と藤原岳（右）が間近に見える

遠足尾根・金山尾根分岐から長大な遠足尾根を下って行く

る。遠足尾根の下りは距離が長いので、あせらずマイペースで行こう。

❶**宇賀渓駐車場**の観光案内所に置いてある登山道位置確認マップをもらって出発しよう。渓谷に沿って舗装された林道を緩やかに登って行く。復路で下りてくる❷**遠足尾根入口**、ホタガ谷（裏道）入口を過ぎて、小さな白滝丸太橋で沢を渡って登山道に入る。「魚止滝・五階滝・長尾滝」の標識を左に進み、青色が鮮やかな魚止橋で対岸へ渡る。魚止滝分岐を五階滝方面へ進み、沢から離れて斜面を登るとすぐに❸**金山尾根分岐**に着く。

分岐から尾根に取り付く。岩場を一瞬だけロープを使って登ると、すぐに露岩の急登が始まる。小さくジグザグに登るが、やせ尾根をほぼ直線的に登る感覚で体力的にはかなりきつい。

119

←金山尾根から急崖で崩壊が進む竜ヶ岳南斜面を望む
↑895m地点を過ぎると尾根も明るく開けてくる
→金山尾根では所々現れるガレ場や露岩の急斜面を越えて行く

道はいったん平坦になり、西側が開けた場所に出ると、中道登山道の尾根越しに荒々しい竜ヶ岳の南斜面が見える。

この先もやせ尾根の急登は続く。蛇谷分岐を左に見送り、露岩の急斜面をひと登りすると傾斜は緩み、視界が開けてくると好展望地の❹895m地点に出る。この先、尾根の幅も広くなり、西に竜ヶ岳、東に遠足尾根を見ながら気持ちのよい尾根を緩やかに登って行くと❺遠足尾根・金山尾根分岐に飛び出す。治田峠から藤原岳、御池岳へと続く山稜の展望が開ける。

稜線漫歩を満喫しながら長大な遠足尾根を下る

分岐を左に、クマザサに覆われた平坦な道を進む。このあたりから眺める竜ヶ岳の頂稜部は優美なドーム型の山容を見せる。5月中旬〜下旬はシロヤシオの花が景観に彩りを添えてくれる。治田峠分岐を過ぎて、ササ原の斜面をひと登りすると、360度のパノラマが展開する❻竜ヶ岳山頂に着く。広く平らな山頂からは、北に御池岳と藤原岳、伊吹山、南に釈迦ヶ岳や御在所岳など鈴鹿南部の山々が見渡せる。

展望を楽しんだら遠足尾根へ向かって下ろう。山頂付近からは長大な遠足尾根の稜線が一望できる。❺遠足尾根・金山尾根分岐から急坂を下ると、すぐに広く平坦な尾根となり、しばらくは爽快な稜線漫歩となる。竜ヶ岳と御在所岳が眺められる好展望地を過ぎたあたりから尾根は狭くなり、雑木林の中を緩やかに下るようになる。「標識番号133」の❼大鉢山分岐を右に下り、「標識番号137」の新道分岐を右に90度折れると、スギ林の急坂の下りが始まる。

急な下りはほぼ遠足尾根入口まで続くが、逆回りに遠足尾根を登る場合はコースいちばんの

立ち寄りスポット

### いなべっこ

JAみえきたの運営するファーマーズマーケット。数多くの生産者が収穫した生鮮野菜はもちろん、いなべ産の原材料を使ったみそ、はと麦茶、納豆など加工品も好評。全国の提携ファーマーズマーケットから直送された農産物加工品も取り揃えている。☎0594-82-1147。9〜18時。火曜休。

コースMEMO 竜ヶ岳南麓に広がる宇賀渓は、宇賀川の清流と森林に囲まれた渓谷。無数の瀑布と淵があり、渓谷最大の長尾滝をはじめ、五階滝、魚止滝など滝めぐりも楽しめる。河岸の宇賀渓キャンプ場も人気だ。

きつい登りとなる。ロープ場もある急斜面をジグザグに下る。いったん傾斜が緩み、展望のよい岩山の岩稜帯に出るが、再び急斜面となり、足元に注意しながら進む。樹間から聞こえる渓流の音が次第に大きくなってくると**②遠足尾根入口**（ねいりぐち）に下り立つ。あとは林道を**①宇賀渓駐車場**（しゃじょう）まで戻ればよい。　　（取材／坂上和芳）

遠足尾根の終盤、岩山の岩稜帯前後はスギ林の急坂を下る

| ① 宇賀渓駐車場 | 0:25 | ② 遠足尾根入口 | 0:20 | ③ 金山尾根分岐 | 1:20 | ④ 895m地点 | 0:30 | ⑤ 金山遠足尾根・分岐 | 0:25 | ⑥ 竜ヶ岳 | 0:20 | ⑤ 金山遠足尾根・分岐 | 0:40 | ⑦ 大鉢山分岐 | 0:55 | ② 遠足尾根入口 | 0:20 | ① 宇賀渓駐車場 |
|---|---|---|---|---|---|---|---|---|---|---|---|---|---|---|---|---|---|---|

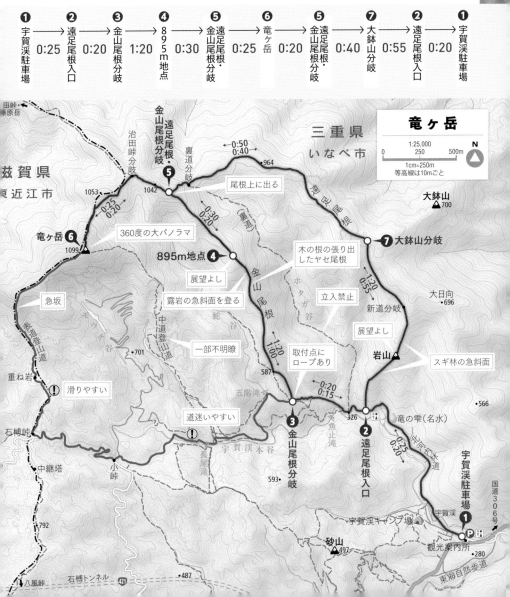

# 釈迦ヶ岳
しゃかがたけ

| 歩行時間 | **5**時間**15**分 |
| --- | --- |
| 登山難易度 | **中級** |

技術度 ★★☆　体力度 ★★☆

猫岳直下の登山道から眺める急峻な大蔭のガレは迫力がある

## 登山データ

| 標　　高 | **1092** m |
| --- | --- |
| 総歩行距離 | **8.3** km |
| 累積標高差 | 上り：**844** m<br>下り：**844** m |

## 問合せ先

菰野町観光産業課
☎059-391-1129
菰野町観光協会
☎ 059-394-0050
三交タクシー
☎059-352-7171

朝明大駐車場

① 朝明大駐車場
② 中尾根登山口
③ 鳴滝コバ
④ 釈迦白毫
⑤ 釈迦ヶ岳 1092m
⑥ 猫岳
⑦ 羽鳥峰峠
⑧ 林道分岐
① 朝明大駐車場

8.3km

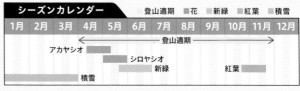

### シーズンカレンダー
　　　　　　　　　　■登山適期　■花　■新緑　■紅葉　■積雪

| 1月 | 2月 | 3月 | 4月 | 5月 | 6月 | 7月 | 8月 | 9月 | 10月 | 11月 | 12月 |
| --- | --- | --- | --- | --- | --- | --- | --- | --- | --- | --- | --- |

登山適期
アカヤシオ
シロヤシオ
新緑
紅葉
積雪

コース
MEMO
中尾根登山道は全体的に道が狭く、やせ尾根の登りが続くので歩行には注意が必要。相応の体力も要する。下山に使う県境尾根はシロヤシオやブナの木が多い爽快な道。

| 公共交通 | 近鉄湯の山線 **菰野駅** | 🚕 タクシー 約20分・4000円前後 | ▲ **朝明大駐車場** |
|---|---|---|---|
| クルマ | 新名神高速道路 **菰野IC** | 🚗 国道477・306号、県道762号 経由で9km | ▲ **朝明大駐車場** 🅿70台。500円 |

**ヒント** 国道306号の菰野町消防本部の先を朝明キャンプ場の道標に従い左折し、朝明渓谷へ向かう。国道306号から約7.5kmで朝明大駐車場に着く。管理人不在時の早朝に到着した場合は、駐車料金後払いとなる。

**プロフィール** 鈴鹿山脈のほぼ中央に位置する釈迦ヶ岳は、緩やかに裾野を広げた西面に対し、東面は浸食された急峻な地形で、この山域らしい東西で対照的な表情を見せる。ここでは、南麓の朝明渓谷から中尾根登山道、県境尾根を周回する最も一般的なコースを紹介しよう。

### ▲ やせ尾根の急斜面を登り、アルペン的な大蔭のガレに迫る

**❶朝明大駐車場**横にある旧バス停の脇が庵座谷登山道・中尾根登山道の登山口で、登山届ポストもある。登山口から小尾根を越えて谷沿いに下るとテント村があり、庵座谷登山道との分岐を右に行けばすぐに**❷中尾根登山口**だ。緩やかな尾根に取り付き、薄暗い樹林の中に付

キレットから大蔭のガレを眼下に猫岳と県境尾根を望む

けられた九十九折の斜面を登りきると尾根上に出る。北に進路をとり、展望のない雑木林の尾根道をたんたんと進む。640m地点を過ぎるとやせ尾根の細い道を登るようになる。傾斜がきつくなり、露岩の急斜面を登ると、駐車場から1時間ほどで**❸鳴滝コバ**に着く。南側が開け、国見岳と御在所岳が間近に見える。〝鳴滝〟の名の通り、庵座滝の音も聞こえる。

尾根はいったん緩やかになるが、再びやせ尾根の急斜面を登るようになり、丸太の急階段を登りきると雑木に囲まれた890mのピークに出る。いったん鞍部へ下り、庵座谷へ下る道を左に分けると、再び急斜面となる。尾根上に岩場が見えると左側が開け、猫岳が姿を現す。山肌一面が紅葉に染まる時期は特に美しい。ここから尾根は岩場となるため、左に山腹を巻きなが

明るい県境尾根は御在所岳（左）と雨乞岳（右）を眺めながら下る

←キレット付近まで登ると最高点の松尾尾根の頭が目前に迫る
↑東側が開けた釈迦ヶ岳山頂は最高点に比べると狭い
→大駐車場横の登山口からスタートする

ら迂回路を進む。展望が開けてくると、左手に猫岳など県境尾根が見渡せるようになる。最後に樹林の急登を登りきったところで松尾尾根との合流点である❹釈迦白毫に着く。

尾根を左に進路をとる。左側が大きく切れ落ちた大蔭のガレ場は足もとに注意しながら下る。このあたりは展望も優れ、鈴鹿では少ないアルペン的な景観が広がる。最後に急斜面を登り返すと、左手から庵座谷登山道が合流する釈迦ヶ岳最高点（1097m）の標識が立つ松尾尾根の頭に出る。四方に開けていて釈迦ヶ岳山頂より展望がすばらしく、鈴鹿南部の山々が見渡せる。ここから樹林の中を進み、羽鳥峰への分岐を過ぎるとすぐに三角点のある❶釈迦ヶ岳山頂に着く。東の三重県側が開けた山頂からは、伊勢湾や四日市市街が見渡せる。

 御在所岳と雨乞岳を眺めながら明るい県境尾根を下る

下山は、よく整備され猫岳を経由する県境尾根を行く。羽鳥峰分岐まで戻り、雑木林の明るい尾根を緩やかに下る。小ピークを越え再び下って登り返すと標高1058mの❺猫岳に着く。猫岳への登りから振り返れば急峻な大蔭のガレ

場など迫力ある景観が眺められる。猫岳からはササ原とシロヤシオの木々が広がる長い下りとなるが、展望はよく、正面に御在所岳や雨乞岳が眺められる。樹林帯に入り、白滝道分岐を羽鳥峰・朝明渓谷方面に進むと林道コースとの分岐に着く。ここは退屈な林道コースは選ばず羽鳥峰峠を経由して谷コースを進むが、こちらは足元の悪い箇所が多いため、山慣れない人は林道コースを行くとよい。分岐を直進するとすぐに明るく開けた羽鳥峰のピークに出て、ガレ場を下った鞍部が❼羽鳥峰峠だ。

---

🐦 **COLUMN**

### キャンプサイトもある
### 釈迦ヶ岳の登山基地、朝明ヒュッテ

昭和25年の国体山岳競技の際に宿泊施設として建設され、釈迦ヶ岳をはじめ、国見岳や雨乞岳などの登山基地としても利用されている。キャンプ場としても賑わっている。200人収容。素泊まり3200円〜、シャワー200円。☎080-4540-1787（北住篤さん）。営業期間3月〜12月。期間中無休。

 **コースMEMO** 朝明渓谷は明治時代にオランダ人土木技師による最新砂防技術が導入された。猫谷には当時の石積み堰堤が第1と第2の2つ残っており、国の有形文化財に登録されている。

　羽鳥峰峠から左の朝明渓谷方面へ谷コースを下る。岩がゴロゴロして足元の悪い急斜面を浮き石にも注意しながら慎重に下る。途中、ロープが張られた箇所もある。国指定有形文化財の石積みの堰堤を2つ越えると**⑧林道分岐**に出る。あとは林道を道なりに進めば**❶朝明大駐車場**に戻り着く。　　　　（取材／坂上和芳）

羽鳥峰峠の分岐から砂ザレの羽鳥峰を見上げる

| ❶朝明大駐車場 | 0:05 | ❷中尾根登山口 | 1:00 | ❸鳴滝コバ | 1:00 | ❹釈迦白毫 | 0:30 | ❺釈迦ヶ岳 | 0:30 | ❻猫岳 | 1:00 | ❼羽鳥峰峠 | 0:40 | ⑧林道分岐 | 0:30 | ❶朝明大駐車場 |

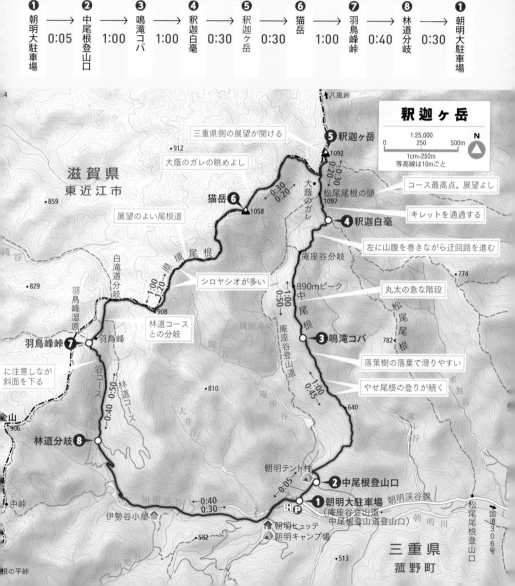

# 御在所岳
ございしょだけ

| | | |
|---|---|---|
| | | 三重県・滋賀県 |
| 歩 行 時 間 | **5**時間**45**分 | |
| 登山難易度 | **中級** | |
| 技術度 ★★★ 体力度 ★★★ | | |

登山者用駐車場付近から仰ぎ見る御在所岳の岩稜。ロープウェイの鉄塔も見える

### 登山データ

| 標 高 | **1212** m |
|---|---|
| 総歩行距離 | **8.7** km |
| 累積標高差 | 上り：**1019** m<br>下り：**1019** m |

### 問合せ先

菰野町観光産業課<br>
☎059-391-1129<br>
三重交通四日市営業所<br>
☎059-323-0808<br>
御在所ロープウエイ<br>
☎059-392-2261

**❶** 湯の山温泉・御在所ロープウエイ前バス停　**❷** 中道登山口　**❸** 地蔵岩　**❹** 裏道分岐　**❺** 御在所岳 1212m　**❹** 裏道分岐　**❻** 国見峠　**❼** 藤内小屋　**❶** 湯の山温泉・御在所ロープウエイ前バス停

8.7km

### シーズンカレンダー

■登山適期　■花　■新緑　■紅葉　■積雪

| 1月 | 2月 | 3月 | 4月 | 5月 | 6月 | 7月 | 8月 | 9月 | 10月 | 11月 | 12月 |
|---|---|---|---|---|---|---|---|---|---|---|---|
| | | | | | | 登山適期 | | | | | |

アカヤシオ　サラサドウダン　シロヤシオ　新緑　紅葉　積雪

 コース MEMO　北谷を下る裏道は、谷幅いっぱいに岩が転がる河原を赤ペンキを目印に下って行くため、時間には余裕をみておきたい。体調次第では無理をせず山頂からロープウェイを利用して下山するといいだろう。

## アクセス

| | | | | |
|---|---|---|---|---|
| 公共交通 | 近鉄湯の山線<br>**湯の山温泉駅** | 三重交通バス<br>8分・350円 | **湯の山温泉・<br>御在所<br>ロープウエイ前<br>バス停** | |
| クルマ | 新名神高速道路<br>**菰野IC** | 国道477号など経由で5km | **登山者用<br>駐車場**<br>Ⓟかもしか大橋西<br>に約70台。無料 | |
| | 名神高速道路<br>**八日市IC** | 国道421・307・477号経由で43km | | |

ヒント　湯の山温泉・御在所ロープウエイ前バス停へは、名古屋（名鉄バスセンター）から平日の朝に1便、土曜・休日の朝に2便、三重交通の高速バスが運行する。所要約1時間10分、片道1430円。予約不要で交通系ICカードが利用可。

プロフィール　鈴鹿を代表する御在所岳は、変化に富んだ複数の登山道が通じている。とりわけ中道コースは鈴鹿随一の展望と、巨岩や奇岩が林立するアルペン的な雰囲気で山域一の人気を誇る。ハイキング気分で登れる山ではないが、スリルに満ちた山歩きの醍醐味が味わえる。

### 花崗岩の急斜面、林立する奇岩 変化に富んだ尾根を行く

❶**湯の山温泉・御在所ロープウエイ前バス停**から大石公園方面へと、温泉宿の点在する県道の坂道を登る。長石谷登山口を過ぎ、ヘアピンカーブのところで道標に従い民家の脇を抜けて山道に入る。三ツ口の分岐を右に進んで鈴鹿スカイラインをくぐると❷**中道登山口**だ。

スキー場の斜面が広がる山上公園。リフトも運行されている

2枚の巨大な花崗岩の板が重なり合ったおばれ岩

　登り始めからU字型に掘れた花崗岩の急登となる。尾根に取り付くと、左に急峻な御在所岳東面が見える。裏道分岐点の三合目の標識を過ぎて、ロープウェイの下をくぐると四合目。巨大な2枚の板状の花崗岩が重なったおばれ岩に驚かされる。この先が中道コースのハイライトで、目指す御在所岳や南にそびえる鎌ヶ岳を見ながら花崗岩の間をぬうように登って行く。好展望地の五合目を過ぎると、四角い巨岩の上に浮石がのっかった奇岩の❸**地蔵岩**に着く。背後には伊勢平野や伊勢湾が一望できる。

　アカヤシオの咲く灌木に囲まれた道を行くと六合目のキレットの岩場の上に出る。クサリを使い慎重に下れば見た目ほど危険ではない。キレットからは再び急登となり、ハシゴを登る箇所もある。岩がゴロゴロした掘割の急斜面をロ

←御在所岳の東側山麓から見た御在所岳（右）と鎌ヶ岳

↑キレットはコース一の難所。クサリを使い慎重に下ろう

→御在所岳を代表するアカヤシオ

ープやクサリを伝って慎重に登り、八合目から尾根の北側を巻いてクサリ場を下り、最後にロープが張られた岩盤の急斜面を登ると山上公園の遊歩道にたどり着く。すぐ左の富士見岩は鎌ヶ岳の好展望台で、条件がよければ富士山を遠望することもできる。

遊歩道を御在所岳頂上方面に進み、❹**裏道分岐**に着くと、スキー場の斜面が広がる御在所岳頂上部が見渡せる。すぐ先にはレストランや公衆トイレもある。レストラン前の道を西へ600mほど歩けば一等三角点のある❺**御在所岳**頂上に着く。西側にある三角点よりわずかに高い望湖台からは鈴鹿の山々や琵琶湖が望める。

### クライマーが集う大絶壁を眺め岩間をぬうように谷間を行く

頂上から往路の遊歩道をたどって❹**裏道分岐**まで戻るが、スキー場の斜面をそのまま下って戻ることもできる。分岐から国見峠へ向かってアカヤシオの樹林の中を下る。小さな沢を渡った鞍部が❻**国見峠**で、峠から右へ北谷の左岸を下り裏道を行く。なお、裏道は2008年9月の集中豪雨による土砂崩れで樹間の登山道は大部分が崩壊。現在は従来の登山道の南側の谷が迂回路となっている。

藤内壁出合まで下ると、右手に関西のロッククライミングのメッカ、藤内壁がそびえている。この先、兎の耳と呼ばれるあたりから土石流の痕跡が残る河原歩きとなる。岩に描かれた赤ペンキを目印に岩間をぬうように下って行くと、まもなく❼**藤内小屋**に到着する。飲料や軽食もとれるのでゆっくりと休憩をとろう。

小屋の先で右岸に渡り、樹林の中を緩やかに下り、中道分岐を過ぎると再び河原に出る。七の渡しの小橋を渡り、右の斜面をトラバースぎ

## COLUMN

### 多彩なサブコース

サブコースの多い御在所岳だが、マイカー利用者なら武平峠から往復するのが最短（往復2時間）。中道登山口そばの登山者用駐車場を起点にする場合、中道経験者は一ノ谷新道から登れば静かな山歩きが楽しめる。頂上からは武平峠を経て、鈴鹿スカイライン沿いを下るのが体力的にいちばんラク。

  御在所ロープウエイからの景色はすばらしく、遠く知多半島と渥美半島、神島などが眺められる。天気のよい日は富士山や滋賀県側には琵琶湖まで見ることができる。

土石流跡が残る裏道。赤ペンキを頼りに岩間をぬうように歩く

みに登って行けば裏道登山口に出る。七の渡しから目前の堰堤の鉄枠をくぐり抜けて近道する登山者もいるが、山沿いの道が正規ルートだ。舗装された林道を下り、国道の手前で「湯の山温泉」の標識に従い左に下って国道の下をくぐれば、**❶湯の山温泉・御在所ロープウエイ前バス停**は近い。

（取材／坂上和芳）

立ち寄りスポット

## アクアイグニス片岡温泉
あくあいぐにすかたおかおんせん

「食」と「癒し」をメインテーマとした複合温泉リゾート。温泉は源泉かけ流し、広い内風呂の外には竹林の茂る露天風呂があり、心身共にリラックスできる。敷地内のショップには独創的で多彩なスイーツが並ぶ。近鉄湯の山温泉駅から東に徒歩8分。宿泊もできる。

☎059-394-7733。入浴料600円（土曜・休日800円）。6〜24時。無休。

| ❶ 湯の山温泉・御在所ロープウエイ前バス停 | | ❷ 中道登山口 | | ❸ 地蔵岩 | | ❹ 裏道分岐 | | ❺ 御在所岳 | | ❹ 裏道分岐 | | ❻ 国見峠 | | ❼ 藤内小屋 | | ❶ 湯の山温泉・御在所ロープウエイ前バス停 |
|---|---|---|---|---|---|---|---|---|---|---|---|---|---|---|---|---|
| | 0:40 | | 0:50 | | 1:10 | | 0:20 | | 0:15 | | 0:20 | | 1:10 | | 1:00 | |

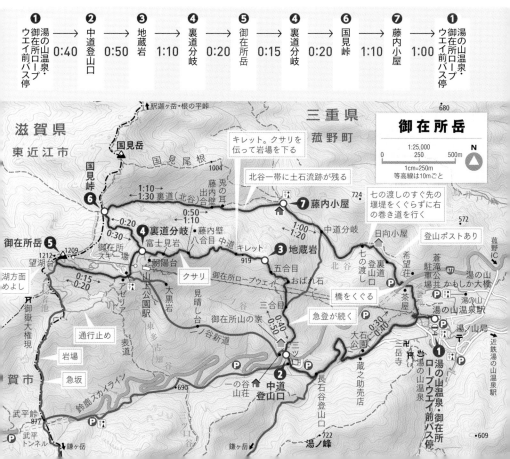

# 鎌ヶ岳
かまがたけ

| 歩行時間 | **6**時間 |
|---|---|
| 登山難易度 | **中級** |

技術度 ★★★ 体力度 ★★★

御在所岳の富士見岩展望台から眺めるスケールの大きな鎌ヶ岳の鋭峰

## 登山データ

| 標高 | **1161** m |
|---|---|
| 総歩行距離 | **8.8** km |
| 累積標高差 | 上り：**917** m<br>下り：**917** m |

## 問合せ先

菰野町観光産業課
☎059-391-1129
三重交通四日市営業所
☎059-323-0808

❶湯の山温泉・御在所ロープウエイ前バス停
❷長石谷登山口
❸三ツ口
❹武平峠
❺鎌ヶ岳 1161m
❻岳峠
❼犬星大滝
❷長石谷登山口
❶湯の山温泉・御在所ロープウエイ前バス停

8.8km

### シーズンカレンダー

登山適期　■花　■新緑　■紅葉　■積雪

| 1月 | 2月 | 3月 | 4月 | 5月 | 6月 | 7月 | 8月 | 9月 | 10月 | 11月 | 12月 |
|---|---|---|---|---|---|---|---|---|---|---|---|

登山適期
アカヤシオ・ミツバツツジ・シャクナゲ
新緑
紅葉
積雪

コースMEMO　長石谷は迷いやすい箇所がいくつもある。ガレの広がる谷を赤ペンキを目印に進み、下流では飛び石で流れを渡り返す。山慣れない人は標準タイムより時間を要するので、余裕あるスケジュールを。

## アクセス

| 公共交通 | 近鉄湯の山線<br>**湯の山温泉駅** | → | 三重交通バス<br>8分・350円 | → | ▲**湯の山温泉・<br>御在所<br>ロープウエイ前<br>バス停** |
|---|---|---|---|---|---|
| クルマ | 新名神高速道路<br>**菰野IC** | → | 国道477号経由で7km | → | ▲**登山者用<br>駐車場**<br>Ⓟ中道登山口手前<br>に約50台。無料 |
| | 名神高速道路<br>**八日市IC** | → | 国道421・307・477号経由で40km | → | |

**ヒント** 湯の山温泉・御在所ロープウエイ前バス停周辺の有料駐車場は観光客向き。マイカー利用の登山者は、御在所岳・中道コース入口の駐車場を利用すれば周回コースをたどれる。なお、鈴鹿スカイラインは12〜3月に冬期閉鎖となる。

**プロフィール** 北アルプスの槍ヶ岳に似た尖鋒は、鈴鹿の山では最もアルペン的な山容を見せる。山頂直下の花崗岩のザレ場など難所のイメージがある一方で、アカヤシオやミツバツツジなどツツジ科の花々が多く咲く山でもある。

▲ **鈴鹿スカイラインに沿って進み**
**武平峠から槍の穂先を目指す**

❶**湯の山温泉・御在所ロープウエイ前バス停**から大石公園方面へと、温泉街の坂道を登って行く。❷**長石谷登山口**を左に見たら、ヘアピンカーブの入口で道標に従い民家の脇の小道を進むと、登山ポストのある❸**三ツ口**の分岐に出る。右に行けば中道コース方面で、武平峠へは小さな鉄橋を渡って直進する。

山頂直下の岩場の直登ルートはコース一の難所

尾根を登り詰めて行くと荒々しい頂上部が大きく迫ってくる

しばらくは雑木林の中を進み、三ツ口堰堤の脇の階段を登った先の三叉路は武平峠方面に進む。東多古知谷の小沢を右岸に渡り、御在所岳表道への道を右に分ける。スカイラインを行くクルマの音を間近に聞きながら、左の武平峠への道を登って行く。やがて視界が開けてきたら、スカイラインを横切って北側に出る。山腹をひと登りすると、樹林に囲まれた狭い❹**武平峠**に着く。右は御在所岳への最短ルート、直進すれば武平峠西側駐車場だ。

武平峠から掘割になった滑りやすい砂礫の斜面を登る。すぐに灌木に囲まれた尾根道を緩やかに登るようになる。花期にはシロヤシオやシャクナゲの花が咲くところだ。大きな花崗岩が横たわる場所に出ると視界が開け、東に尾根を張り出した御在所岳、西に雨乞岳が眺められ

←三ツ口谷の源頭から崩壊が進む赤ガレの斜面を見下ろす
↑季節にはシャクナゲの咲く尾根道を行く
→武平峠でひと休みしてから鋭峰を目指そう

る。灌木の中を小さくアップダウンを繰り返して、花崗岩の岩がゴロゴロした急斜面を登り切ると、東側が崩壊地となった三ツ口谷の源頭に出る。崩壊が進む赤い砂礫の斜面を見下ろすと恐怖すら感じる。

西側の斜面を登ると尾根上のピークに出て、山頂への最後の登りとなる分岐点に出る。左へ進めば岩場の直登ルート。右は巻き道になっているので、山慣れない人は無理をせず巻き道を行こう。直登ルートは、要所にロープやクサリが設置されているが、花崗岩の間をぬうように急斜面を登るため危険が伴う。クサリを伝って慎重に登りきれば**❺鎌ヶ岳**（かまたけ）の頂上に立てる。

南北に細長い山頂は360度の展望が得られる。北には御在所岳と雨乞岳、南には岳峠を眼下に鎌ヶ岳から派生する急峻な鎌尾根の向こうに水沢岳、仙ヶ岳へと続く山々が一望できる。頂上の南端から登山道のようになっている場所に下りて展望を楽しむ登山者もいるが、滑落の危険があるので絶対に立ち入らないこと。

**赤ペンキを頼りにガレの谷を進み涼味あふれる沢を渡り返して下る**

頂上の中央付近から、岩場の急斜面を10分

ほど下れば**❻岳峠**（だけとうげ）に下り立つ。鎌ヶ岳南面の険しい岩峰が目前にそびえ立っている。峠から右に長石谷を下る。最初は雑木林の急斜面だが、傾斜が徐々に緩やかになってくると、ゴロゴロした岩が散乱した谷を赤ペンキを頼りに下るようになるため、思いのほか時間を要する。下流に進むほど水の流れが出てきて、沢を飛び石で何度か渡り返すようになる。犬星谷出合に着くと、奥に目立たないが**❼犬星大滝**（いぬぼしおおたき）が見える。

滝からしばらく左岸の道を行き、その先は飛び石で何度か沢を渡り返しながら下って行く。

**COLUMN**

## 武平峠を起点にすれば3時間で歩ける

鎌ヶ岳へのコースは多彩だが、縦走・周回を設定すると、どのコースも全行程6、7時間程度のロングコースとなる。マイカーを利用して短時間で登るなら、武平峠駐車場を起点に鎌ヶ岳を往復すれば3時間余りで歩ける。頂上直下の岩場も巻き道を登ればコースの難易度はぐんと低くなる。

MEMO　伊勢と近江を結ぶ鈴鹿国定公園横断道路として開通した鈴鹿スカイライン（国道477号）からは、湯の山温泉街をはじめ随所で菰野町の景色が一望できる。武平峠休憩所からの眺めは夜景もすばらしい。

ガレ場が広がる長石谷は登りに使う登山者も多い

滑りやすいので水量の多いときは慎重に。この先で堰堤を左から越えて山腹の道をたどり、三滝川本流の流れを飛び石で渡ると**❷長石谷登山口**に着く。マイカー利用者は車道を左に逸れればすぐに登山者用駐車場だ。車道を道なりに下っていけば**❶湯の山温泉・御在所ロープウエイ前バス停**に着く。　　（取材／坂上和芳）

立ち寄りスポット

## 道の駅菰野
みちのえきこもの

　　菰野町のメインストリート、国道477号に面し、限定販売の草餅やおはぎが人気。食事処「マコモの里」では、まこものコロッケ、マコモ麺、まこコロカレーなど、町名の由来ともいわれるマコモの料理が楽しめる。☎059-394-0116。9〜18時（11〜3月は〜17時）、食事処は11時30分〜16時（土曜・休日のみの営業）。年末年始休。

| ❶湯の山温泉・御在所ロープウエイ前バス停 | | ❷長石谷登山口 | | ❸三ツ口 | | ❹武平峠 | | ❺鎌ヶ岳 | | ❻岳峠 | | ❼犬星大滝 | | ❷長石谷登山口 | | ❶湯の山温泉・御在所ロープウエイ前バス停 |
|---|---|---|---|---|---|---|---|---|---|---|---|---|---|---|---|---|
| | 0:40 | | 0:05 | | 1:25 | | 1:20 | | 0:10 | | 0:50 | | 1:00 | | 0:30 | |

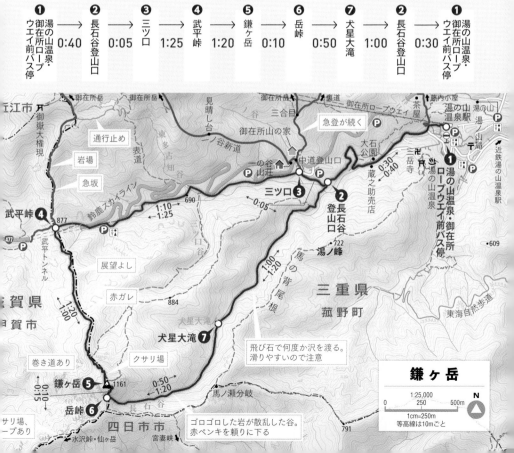

# 入道ヶ岳

にゅうどうがたけ

| 歩行時間 | **4**時間**40**分 |
|---|---|
| 登山難易度 | **初級** |

技術度 ★☆☆ 体力度 ★★☆

北の頭の少し先の展望地からアセビの群落に覆われた入道ヶ岳山頂を望む

## 登山データ

| 標　　高 | **906**m |
|---|---|
| 総歩行距離 | **6.3**km |
| 累積標高差 | 上り：**805**m<br>下り：**805**m |

## 問合せ先

鈴鹿市地域資源活用課
☎059-382-9016
鈴鹿市観光協会
☎059-380-5595
三重交通四日市営業所
☎059-323-0808

**❶** 椿大神社バス停　**❷** 北尾根登山口　**❸** 大久保分岐　**❹** 避難小屋　**❺** 北の頭　**❻** 入道ヶ岳 906m　**❼** 滝ヶ谷分岐　**❽** 二本松登山口　**❷** 北尾根登山口　**❶** 椿大神社バス停

6.3km

## シーズンカレンダー

登山適期　■花　■新緑　■紅葉　■積雪

| 1月 | 2月 | 3月 | 4月 | 5月 | 6月 | 7月 | 8月 | 9月 | 10月 | 11月 | 12月 |
|---|---|---|---|---|---|---|---|---|---|---|---|

←──────────── 登山適期 ────────────→

アセビ

アカヤシオ
新緑

紅葉

積雪

 **コース MEMO** だだっ広い山頂付近はガスに巻かれると進路を見失いやすいので要注意。場合によってはコンパスによる読図が必要になる。また、沢筋のコースは春から秋にかけてヤマビルが発生する。

| 公共交通 | 近鉄名古屋線 **近鉄四日市駅** | → 三重交通バス 約50分・810円 → | ▲ **椿大神社 バス停** |
| クルマ | 東名阪自動車道 **鈴鹿IC** | → 県道27・560号経由で5km → | **椿大神社 第3駐車場** Ⓟ約150台。無料 |

ヒント 椿大神社へは近鉄鈴鹿線平田町駅からもコミュニティバス椿・平田線が1時間に1本運行されている。マイカー利用者は、椿大神社に最も近い第1、第2駐車場は参拝者用のため第3駐車場（バス停まで徒歩5分）を利用すること。

プロフィール 椿大神社の御神体の山。鈴鹿セブンマウンテンの中で唯一標高が1000mに満たないが、広くなだらかな草原状の山頂から360度の眺望が広がり、アプローチも比較的容易なため人気が高い。特に山頂一帯を覆う数千本のアセビの大群落（県天然記念物）が咲き誇る4月は大勢の登山者で賑わう。

### やせ尾根の急斜面を登り 大パノラマの頂へ

「鈴鹿入門の山」としても親しまれている入道ヶ岳は、椿大神社、宮妻峡、小岐須渓谷の各方面から登山道が通じている。中でもアクセスがよく、最も歩かれているのが椿大神社から北尾根・二本松尾根を周回するルートだ。ただ

北の頭付近から北側の鎌ヶ岳、御在所岳方面の眺め

北尾根避難小屋手前のロープのかかったやせ尾根

し、北尾根の登りはやせ尾根の急斜面もあり、低山とはいえそれなりに登りごたえがある。

　❶**椿大神社バス停**で下車。椿大神社の大鳥居の先にある獅子堂の左わきの道を奥へと進む。大鳥居からスギ木立の道を進めば椿大神社の境内に通じるので、参拝を済ませてから歩き始めてもよい。鍋川に沿う林道に入ると、すぐに鳥居が立ち、奥宮の椿の杜（愛宕社）への石段が続く❷**北尾根登山口**に着く。かなり急な石段を登りきった境内から左へ登山道が通じている。登山道に入り、スギ林の中の九十九折の急斜面を登ると、通報ポイント②の標識のところでやせた尾根に出る。尾根を緩やかに下り、鉄塔をくぐるとまもなく通報ポイント③の標識のある❸**大久保分岐**に着く。周囲は樹林に囲まれ展望はない。

←通報ポイント⑨の展望地から北の頭（右）と入道ヶ岳山頂を望む
↑愛宕社の鳥居の立つ北尾根登山口
→簡素な造りの北尾根の避難小屋

分岐を左に折れ、急坂を少し下った鞍部から、再びやせ尾根の急登が始まる。滑りやすい斜面を木の根をつかんだり、ロープをつかんで登っていく。左に樹林越しに入道ヶ岳を垣間見て、通報ポイント④を過ぎると右へ尾根の東面につけられた道を進む。少し下った鞍部（通報ポイント⑤の標識あり）から再び急斜面を登ると**❹避難小屋**に着く。雨をしのげる程度の小屋で休憩スペースしかないが、ひと息いれていこう。

避難小屋の先から明るい雑木林の急斜面を登る。しだいに斜面が緩やかになり、通報ポイント⑦を過ぎるとアセビの木々が増え、春には満開のアセビのトンネルが続く道を登るようになる。道が平坦になり、通報ポイント⑧の標識のある開けた場所に出ると、右手に水沢岳や鎌ヶ岳方面の眺望が広がる。再びアセビのトンネルの道をくぐり抜けて**❺北の頭**に登りきると眺望はさらに広がる。展望を楽しみながら稜線をたどればすぐに鳥居の立つ**❻入道ヶ岳**山頂に着く。遮るもののない広々とした草原状の山頂からは、北に鎌ヶ岳や御在所岳、東に伊勢湾、遠く知多半島まで一望し、山麓の町並みも俯瞰できる。

## 小学校の遠足でも登られる 歩きやすい二本松尾根を下る

下山は、最も歩かれている二本松尾根を行く。鳥居のすぐ下から標識に沿ってササ原の急斜面を下ると、すぐにアセビの樹林の中を下るようになる。滑りやすい場所にはロープが張られているが、危険というほどでもない。道が緩やかになり、通報ポイント⑥を過ぎると、二本松避難小屋に着く。避難小屋から雑木林の道を少し下ると**❼滝ヶ谷分岐**で、右へ行けば滝ヶ谷を経て小岐須渓谷へ抜ける。分岐を左に折

### COLUMN

### 椿大神社

入道ヶ岳の麓に古くから鎮座し、伊勢一宮として有名な猿田彦大神の総本宮。鈴鹿のパワースポットとして知られ、地元では初詣の定番だ。三重県では伊勢神宮、二見興玉神社に次いで3番目に参拝者が多い。境内にある茶室「鈴松庵」を寄進した松下幸之助の御霊を祀っていることでも知られる。

 入道ヶ岳北麓の宮妻峡は紅葉の名所として知られ、ヒュッテやキャンプ場などの施設も整っている。宮妻峡の少し下流の四日市市水沢の「もみじ谷」も谷一帯にイロハモミジやアカシデの大木が見られる。

れ、うっそうとしたスギ林の斜面を下り、沢沿いの道を緩やかに下っていく。小さな流れを渡り、通報ポイント②の標識を過ぎると右手に堰堤が見える。ほどなく**❽二本松登山口**で、井戸谷の大堰堤上の河原に飛び出す。河原を渡ると林道に出合い、そのまま林道を進めば**❶椿大神社バス停**に出る。　（取材／坂上和芳）

アセビのトンネルをくぐり抜けて山頂へ向かう

| ❶ 椿大神社バス停 | → | ❷ 北尾根登山口 | → | ❸ 大久保分岐 | → | ❹ 避難小屋 | → | ❺ 北の頭 | → | ❻ 入道ヶ岳 | → | ❼ 滝ヶ谷分岐 | → | ❽ 二本松登山口 | → | ❶ 椿大神社バス停 |
|---|---|---|---|---|---|---|---|---|---|---|---|---|---|---|---|---|
| | 0:10 | | 0:50 | | 0:50 | | 0:50 | | 0:10 | | 1:00 | | 0:30 | | 0:20 | |

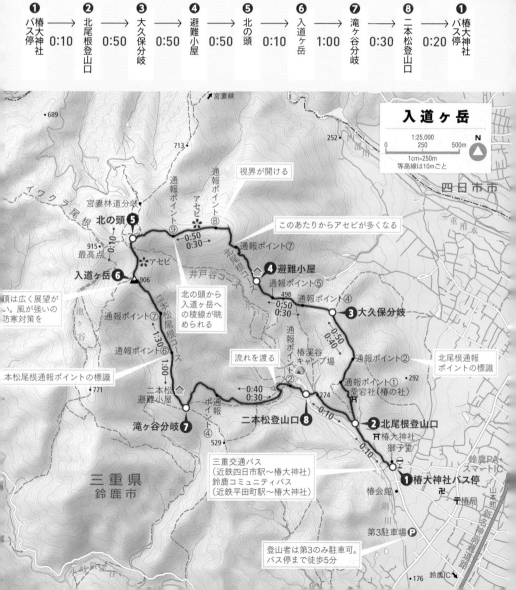

# 仙ヶ岳
せんがたけ

東峰最高点からピークの連続する南尾根方面の眺め。紅葉の季節は特に美しい

## 登山データ

| 標　　高 | **961**m（西峰） |
| 総歩行距離 | **7.7**km |
| 累積標高差 | 上り：**801**m<br>下り：**801**m |

## 問合せ先

鈴鹿市地域資源活用課
☎059-382-9016
亀山市地域観光課
☎0595-96-1215
三交タクシー
☎059-352-7171

❶林道ゲート
❷仙鶏尾根分岐
❸野登山分岐
❹仙ヶ岳東峰 955m
❺仙ヶ岳西峰 961m
❻小社峠
❷仙鶏尾根分岐
❶林道ゲート

林道ゲート前の駐車スペース

7.7km

## シーズンカレンダー

　登山適期　■花　■新緑　■紅葉　■積雪

| 1月 | 2月 | 3月 | 4月 | 5月 | 6月 | 7月 | 8月 | 9月 | 10月 | 11月 | 12月 |
|---|---|---|---|---|---|---|---|---|---|---|---|
| | | | | | 登山適期 | | | | | | |
| | | | アケボノツツジ・シロヤシオ | | | | | | | | |
| | | | | 新緑 | | | | | | | |
| | | | | | | | | | 紅葉 | | |
| 積雪 | | | | | | | | | | | |

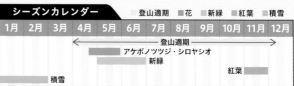

コースMEMO　仙鶏尾根分岐から小社峠までの谷道は、仙ヶ谷へ注ぐ支沢を何度も渡り、沢筋を歩くところもあるので、目印はあっても迷いやすい箇所がある。降雨の後や、初心者同士での入山は避けたい。

| | | | | |
|---|---|---|---|---|
| 公共交通 | 近鉄湯の山線 **菰野駅** | タクシー 約35分・6000円前後 🚕 | ▲ **林道ゲート** | |
| クルマ | 東名阪自動車道 **鈴鹿IC** | 県道27・560号経由で8km 🚗 | ▲ **林道ゲート** Ⓟ林道ゲート前に 約10台。無料 | |

**アクセス**

38

仙ヶ岳

ヒント
小岐須渓谷を抜ける林道は小岐須渓谷キャンプ場を過ぎると道が急に狭くなる。対向車に十分注意しながら走行すること。マイカーは大石橋から100mほど先の林道ゲート前に駐車スペースがある。鈴鹿ICからはクルマで約15分。

**プロフィール** 東峰と西峰からなる双耳峰の仙ヶ岳は、鈴鹿セブンマウンテンには含まれていないが、すぐれた展望と美しい紅葉、東峰にそそり立つ彫刻のような奇岩・仙の石など魅力の多い山だ。標高は1000mに満たないが、岩稜が続く仙鶏尾根の登りはそれなりに体力を要するので、しっかりと準備をして臨みたい。

### ▲ 狭い山腹の道を登り詰めて 岩稜の仙鶏尾根へ

車両進入禁止の柵がある**❶林道ゲート**からスギ林の林道を進む。小橋を渡り、仙ヶ谷の流れを右に見ながら緩やかに登り、林道終点で堰堤が現れたら左側から登山道に入る。小さな沢を横切り、スギ林の中を緩やかに登ると、ナメ

東峰よりわずかに標高が高い西峰。頂上は狭いが眺望はすぐれている

滝状の美しい仙ヶ谷本流に出合う。山腹道を登り、左に流れを渡ると通過ポイント②の標識がある**❷仙鶏尾根分岐**に着く。

ここでは分岐を左に進み、仙鶏尾根から頂上を目指す周回コースをたどるが、分岐を直進して谷を詰める逆ルートをたどってもよい。その場合、仙鶏尾根の下りは岩場の急斜面が続くので足元に十分注意したい。また、どちらから周回しても谷道は迷いやすい場所が数カ所あるので、初心者は必ず経験者を同伴したい。

分岐からすぐ下の仙ヶ谷の流れを渡り、やせ尾根の急斜面を登る。左の谷側が明るくなってくると、尾根の左側の山腹に付けられた細い道をたどるようになる。通過ポイント③のあたりから道が崩れている箇所があり、要所にロープが張られている。通過ポイント⑤を過ぎるとい

東峰山頂にアンバランスな姿でそそり立つ仙の石

←仙鶏尾根の岩場
の急登はコースで
最もきついところ
↑要所でロープが
張られた山腹の細
い道を仙鶏尾根目
指して登る
→アライ谷合流点
付近では赤ペンキ
を目印に沢を渡る

ったん沢に下り、再び山腹道に戻ってから沢を
渡り、最後の急斜面をジグザグに登り詰めれば
❸**野登山分岐**で仙鶏尾根に出る。この先、岩
やガレ場のやせ尾根の急登がしばらく続くの
で、要所に張られたロープをつかみながら足元
に注意して登ろう。

### 雄大な展望と〝奇岩〟を楽しみ目印に注意しながら谷を下る

分岐から仙鶏尾根を少し登ると、背後に野登
山が大きく見える。右手に入道ヶ岳の展望が開
ける。急登を登りきるとタカノス分岐（通過ポ
イント⑥の標識あり）で、尾根を右に緩やかに
登る。最後の急坂を登りきると右側が開けた展
望地があり、鎌ヶ岳の尖峰が眺められる。すぐ
に❹**仙ヶ岳東峰**の最高点に着く。西峰と吊尾
根で結ばれた東峰は好展望の岩場で、西峰方面
に少し進んだところに、鈴鹿名物の花崗岩の奇
岩・仙の石がそそり立っている。東峰から尾根
をいったん下って登り返したピークが❺**仙ヶ
岳西峰**。山頂は狭いが展望はよく、北には鎌ヶ
岳、御在所岳、入道ヶ岳、南にはピークが連続
する南尾根が眺められる。頂上から西の御所平
へ通じる道も分岐している。

頂上から北へ雑木林の急斜面を浮き石に注意
しながら下る。正面には東面が崖になった宮指
路岳が見える。なおも雑木林の中を下り、やせ
尾根の起伏を下って行くと、T字路になった
❻**小社峠**に着く。直進すれば宮指路岳で、周
囲は4月から5月にかけてシロヤシオやドウダ
ンツツジが咲く場所だ。

小社峠からスギ林の急斜面を仙ヶ谷へ向かっ
てジグザグに下る。しだいに左の沢が近くな
り、流れの音が大きくなってくる。二俣出合か
ら流れを何度か渡るところでは、道標や赤ペン

---

**COLUMN**

### 低山ながら登りごたえある多彩なサブコース

仙ヶ岳へは、小岐須渓谷を起点にしたコー
スのほかに、南尾根、白谷道、御所谷など多
彩なコースがある。1000mに満たない標高な
がら、どの登山口を起点にしても登りごたえ
があり、なかでも南尾根コースは、御在所岳
の中道に匹敵するア
ルペン的な好展望と
高度感が味わえる登
山道だ。

MEMO　仙ヶ岳東麓の約4kmにわたる小岐須（おぎす）渓谷は三重県有数の紅葉の名所。キャンプ場もあり、秋
は登山者や行楽客で賑わう。県天然記念物の屏風岩をはじめ鍾乳洞や滝も多い。

西峰から正面に宮指路岳や鎌ヶ岳を見ながら下る

キを確認しながら進路を見失わないように慎重に下る。開けたアライ谷との合流点では、仙ヶ谷を左岸に渡り、すぐにアライ谷の左岸側に行く。難路のアライ谷に迷い込まないように。さらにスギ林の中を緩やかに下って行くと❷**仙鶏尾根分岐**（いおねぶんき）に出る。あとは林道を行けば❶**林道ゲート**（りんどう）に戻り着く。 （取材／坂上和芳）

立ち寄りスポット

## 鈴鹿サーキット 天然温泉クア・ガーデン
すずかさーきっと てんねんおんせんくあ・がーでん

鈴鹿サーキットの園内で湧いた天然温泉。サウナを備えた石造りの大浴場、庭園風の露天風呂ともに広々として、近隣の入浴施設にはないスケール。泉質はアルカリ性単純泉でさらっとしている。温水プール（別料金）も併設している。鈴鹿ICからクルマで約20分。☎059-378-1111。入浴料1150円。7時〜9時30分・11〜22時。無休。

| ❶林道ゲート | | ❷仙鶏尾根分岐 | | ❸野登山分岐 | | ❹仙ヶ岳東峰 | | ❺仙ヶ岳西峰 | | ❻小社峠 | | ❷仙鶏尾根分岐 | | ❶林道ゲート |
|---|---|---|---|---|---|---|---|---|---|---|---|---|---|---|
| | 0:45 | | 0:50 | | 0:40 | | 0:20 | | 0:20 | | 0:40 | | 0:35 | |

宮指路岳 ▲946

・855

・692

入道ヶ岳

賀県
賀市

道標や赤ペンキを確認しながら流れを何度か渡る

大石橋

宮指路岳登山口

❶林道ゲート

鈴鹿IC

難路

難路

仙鶏尾根分岐

仙ヶ岳登山口

屏風岩

小岐須渓谷キャンプ場

小社峠
❻

1:00
0:40

574
❷

450

0:45
0:35

・512

林道終点。堰堤の左手から登山道に入る

三重県
鈴鹿市

0:30
0:20

0:50
0:40

道迷いやすい

アライ谷合流点

ナメ滝状の仙ヶ谷本流に出合う

❺仙ヶ岳西峰

961

0:40
0:30

山腹の細い道をたどる。道が崩れている箇所にはロープが張られている

仙尾根

955 仙鶏尾根

0:30

❹仙ヶ岳東峰

帝尾根口

展望よし

仙の石登山口

s

778

❸野登山分岐

通報ポイント⑥タカノス分岐の標識あり

野登山
▲851

野登寺卍

## 仙ヶ岳

1:25,000
0　　　　500m
1cm=250m
等高線は10mごと

N

# 赤目四十八滝
あかめしじゅうはちたき

| 歩行時間 | 3時間5分 |
| --- | --- |
| 登山難易度 | 初級 |

技術度 ★☆☆　体力度 ★★☆

随一の名瀑、荷担滝。高さ8mの滝が岩を挟んでふたつに分かれて流れ落ちる

## 登山データ

| 標　高 | **630**m（コース最高点） |
| --- | --- |
| 総歩行距離 | **7.2**km |
| 累積標高差 | 上り：**796**m<br>下り：**762**m |

## 問合せ先

赤目四十八滝渓谷保勝会
☎0595-63-3004
三重交通伊賀営業所
☎0595-66-3715

❶ 日本サンショウウオセンター
❷ 百畳岩
❸ 巌窟滝
❹ 出合茶屋
❺ 落合分岐
❻ 展望台跡
❼ 落合バス停

7.2km

### シーズンカレンダー

登山適期　■花　■新緑　■紅葉　■積雪

| 1月 | 2月 | 3月 | 4月 | 5月 | 6月 | 7月 | 8月 | 9月 | 10月 | 11月 | 12月 |
| --- | --- | --- | --- | --- | --- | --- | --- | --- | --- | --- | --- |

←　　　　　　　登山適期　　　　　　　→
新緑
紅葉
積雪

 コースMEMO　遊歩道は整備され子どもも楽しめるが、紅葉シーズンは階段などでのすれ違い渋滞も多いので、計画には余裕を。11月には赤目四十八滝で紅葉ライトアップが行われ、臨時バスも運行される。

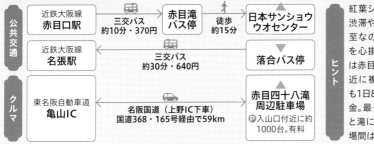

| 公共交通 | 近鉄大阪線 赤目口駅 | 三交バス 約10分・370円 | 赤目滝バス停 | 徒歩 約15分 | 日本サンショウウオセンター |
|---|---|---|---|---|---|
| | 近鉄大阪線 名張駅 | 三交バス 約30分・640円 | | | 落合バス停 |
| クルマ | 東名阪自動車道 亀山IC | 名阪国道（上野IC下車） 国道368・165号経由で59km | | | 赤目四十八滝 周辺駐車場 P入山口付近に約 1000台。有料 |

**ヒント** 紅葉シーズンの週末は渋滞や駐車場待ちは必至なので、早めの到着を心掛けたい。駐車場は赤目四十八滝入口付近に複数あり、いずれも1日800円の同一料金。最も手前の駐車場と滝に近い最奥の駐車場間は約400m。

**プロフィール** 室生赤目青山国定公園にあり、滝川の上流、約4kmにおよそ23の滝が点在。春から初夏には緑が芽吹き、夏は涼しく、秋は紅葉の名所としても知られている。その美しい自然は森林浴の森百選や日本の滝百選、遊歩百選などにも選出されている。

### ハイキングデビューにも最適！ 見どころ豊富な起伏に富んだ渓谷

赤目四十八滝への入山口は、赤目滝バス停や周辺の駐車場から徒歩5〜15分、飲食店やみやげ物店が並ぶ賑やかな通りの奥にある❶日本サンショウウオセンター。ここで赤目四十八滝の入山料大人500円を支払い、渓谷に入っていく。整備が行き届いた遊歩道は1本道のため迷う心配も難所もなく、ハイキング初心者や家族連れにもおすすめのコースだ。100mほど歩くとすぐに最初の滝、行者滝が現れる。次の銚子滝、霊蛇滝と、涼やかな滝を眺めながら進むと、不動滝のひときわ大きな轟音が聞こえてくる。赤目四十八滝最大の見どころは、赤目五瀑と呼ばれる5つの名瀑だ。不動滝はそのひとつで、明治時代の中頃まではここより奥は原生林で、足を踏み入れることはできなかったという。高さ15m幅7mの立派な滝を右手に見上げながら不動橋を渡ると遊歩道は階段となり、不動滝を巻くように高度を上げていく。滝道は飛

沫に濡れて滑りやすくなっているため、足元には十分注意を払いたい。また、付近は登り下りの人で渋滞しやすいので譲り合って通行しよう。

全体的に遊歩道はゆるやかな登りと、時折、階段のアップダウンを繰り返し、緩急ある渓谷の右岸左岸を交錯しながら続いていく。乙女滝や八畳岩を経ると、2つ目の赤目五瀑・岩肌に幾筋も分岐しながら落水する美しい千手滝と、3つ目の赤目五瀑・高さ30mの一枚岩から絹のように流れ落ちる布曳滝に着く。歩き始めて約30分、少し疲れてくるころなので、千手滝の前にある千手茶屋か、20分ほど先の赤目四十八滝のほぼ中間地点にあたる❷百畳岩にある百畳茶屋で、ひと休みしておきたい。

その名のとおり、横15m幅10mの百畳敷ほどもある百畳岩から、姉妹滝、柿窪滝、笄

高さ15mの不動滝。不動明王にちなんで名付けられた

←赤目四十八滝がもっとも賑わうのが紅葉シーズンだ　↑橋や階段を繰り返し、右岸左岸交互に歩く

滝、骸骨滝など、連続する多彩な滝を眺めながら上流へと向かおう。急な石段を上りきると、4つ目の赤目五瀑・荷担滝の姿が目に飛び込んでくる。岩を挟んでふたつに分かれて流れ落ちる高さ8mの滝は、渓谷随一の景観ともいわれている。とくに11月の紅葉シーズンの美しさは格別だ。その後、雛段滝、琴滝を経ると、赤目五瀑のなかで最奥にある5つ目の滝・琵琶滝が見えてくる。ここから源流沿いに曲がりくねった遊歩道を500m程進むと、赤目四十八滝のラストを飾る❸巌窟滝に到着する。

 赤目四十八滝から離れて
静かな山歩きを楽しむ

多くのハイカーは巌窟滝から折り返すため、ここから先は静かな山歩きらしい雰囲気に包ま

百畳岩は絶好の休憩ポイント

高さ30m、白布のような布曳滝

れる。滝から右手に人工池を見て、渓流沿いの小径を行くと❹出合茶屋のある林道にたどり着く。林道を右へ5分ほど歩き、❺落合分岐から赤目・香落渓ハイキングコースに入る。しばらくは舗装道の登りが続くが、途中から登山道に変わり、階段から尾根に絡むように進むと❻展望台跡に出る。この先は苔むす滑りやすい下りや、露岩と転石の道が続くので、足元に注意を払いながら下って行こう。平坦で広い伐採跡を経て舗装林道を50mほど進むと左に「落合バス停へ」の道標が見える。ここから左の山

立ち寄りスポット

**赤目温泉 隠れの湯 対泉閣**
あかめおんせん かくれのゆ たいせんかく

　明治初期創業の老舗宿。地下1000mより湧出する良質なアルカリ単純温泉に日帰り入浴できる。地元の杉を用いた大浴場や開放的な露天風呂で、ゆったり美肌の湯を堪能したい。☎0595-63-1126。入浴料850円。10時30分〜19時（休前日と休日は〜16時）。無休（混雑時は利用不可の場合あり）。

 赤目四十八滝の遊歩道の途中には渓流に下りられる箇所も複数あるので、流れに足を浸したり、お弁当を広げたり、自然に親しみながら時間に余裕をもってのんびり歩こう。

楽器の琵琶に似ている琵琶滝。岩壁に囲まれた高さ15mの滝だ

道を下れば❼落合バス停（おちあい）（てい）だ。

　ちなみに、落合から名張駅へと戻るバスの午後の便は、14時台と17時台に1本ずつ（10〜11月は増便あり）なので、事前に時刻表を確認して計画したい。また、マイカー利用者は巌窟滝または出合茶屋から来た道を折り返して帰路につこう。　　　　（取材／川本桂子）

**COLUMN**

## 滝見弁当を持って
## 滝めぐりに出発しよう

　赤目四十八滝周辺の飲食店やみやげ物店、ホテルでは、地元の米や野菜、伊賀牛などを使ったオリジナルの滝見弁当を販売。素朴ないなり寿司からステーキ弁当まで、価格もさまざまだ。リュックに入れてハイキングのお供にどうぞ。前日の午前中までに各店に要予約。詳細は赤目四十八滝渓谷保勝会のホームページで確認を。

❶ 日本サンショウウオセンター → 0:45 → ❷ 百畳岩 → 0:45 → ❸ 巌窟滝 → 0:30 → ❹ 出合茶屋 → 0:05 → ❺ 落合分岐 → 0:40 → ❻ 展望台跡 → 0:20 → ❼ 落合バス停

倶留尊山・大洞山

高原からすくっと立つ鋭峰の頂へ

## 40 倶留尊山 くろそやま

| 標　高 | **1037** m |
| --- | --- |
| 歩行時間 | **3**時間**40**分 |
| 登山難易度 | 初級 |

**アクセス**

| 公共交通 | 近鉄大阪線 **名張駅** ←→ 三重交通バス 約50分・850円 ←→ 中太郎生 バス停 |
| --- | --- |

※バス便は少なく、マイカー向きの山。

| クルマ | 伊勢自動車道 **一志嬉野IC** ←→ 県道67・15・667号、国道368号経由で約40km ←→ 東海自然歩道分岐 ℗分岐付近の路側に駐車 |
| --- | --- |

**問合せ先**

津市美杉総合支所地域振興課☎059-272-8085
三重交通伊賀営業所☎0595-66-3715

**プロフィール**　"くるすやま"とも呼ばれる日本三百名山の一座。稜線の東側(三重県津市側)は絶壁となり、西側(奈良県曽爾村側)のなだらかな曽爾高原はススキの大草原として知られる。ススキが黄葉する秋の曽爾高原は多くの観光客が訪れ賑やかだ。一方、ここで紹介する津市美杉地区の中太郎生バス停から東海自然歩道分岐、西浦峠を経て登るコースは比較的静かな山歩きを楽しむことができる。頂上まで2時間ほどで立つことができ、時間と体力が許せば、二本ボソあたりまで往復して曽爾高原の眺めを堪能するのもいい。秋のススキの原やお亀池は一見の価値がある。

ススキの原の頂上から大展望を楽しむ

## 41 大洞山 おおぼらやま

| 標　高 | **1013** m(雄岳) |
| --- | --- |
| 歩行時間 | **4**時間**15**分 |
| 登山難易度 | 初級 |

**アクセス**

| 公共交通 | JR名松線 **伊勢奥津駅** ←→ 津市コミュニティバス 約15分・200円 ←→ 三多気 バス停 |
| --- | --- |

※バスは平日のみ運行。土・日曜、祝日はマイカーなどでアクセスする。

| クルマ | 伊勢自動車道 **一志嬉野IC** ←→ 県道67・15・667号、国道368号経由で約35km ←→ 第1駐車場 ℗時期により有料 |
| --- | --- |

**問合せ先**

津市美杉総合支所地域振興課(津市コミュニティバス)
☎059-272-8080

**プロフィール**　倶留尊山の近くに位置し、西側にススキの原が広がるその穏やかな姿は、美杉地区のシンボルマウンテンとして親しまれている。頂上からの眺めもすばらしい。コースはよく整備され、初級者でも不安はないだろう。バスを利用した場合は、帰りのバス便を考えると、大パノラマの広がる雌岳の往復にとどめたほうが安心だ。マイカー利用なら、雌岳から雄岳を越え、倉骨峠経由で東麓の東海自然歩道を第1駐車場に戻る周遊コースがおすすめ。登山口の三多気バス停にほど近い真福院参道の桜並木は「三多気の桜」と呼ばれる国の名勝で、4月には桜祭りも開催される。

# 静岡県・長野県・滋賀県

**SHIZUOKA, NAGANO, SHIGA**

**42** 浜石岳 ⟶ P148

**43** 竜爪山 ⟶ P152

**44** 湖西連峰 ⟶ P156

**45** 南木曽岳 ⟶ P160

**46** 大川入山 ⟶ P164

**47** 伊吹山 ⟶ P168

**48** 霊仙山 ⟶ P172

**49** 御池岳 ⟶ P176

**50** 雨乞岳 ⟶ P180

# 浜石岳
はまいしだけ

| 歩 行 時 間 | **7**時間 |
|---|---|
| 登山難易度 | **中級** |

技術度 ★☆☆　体力度 ★★★

浜石岳頂上からは富士山が目の前。雲のない日は富士宮市街も眼下に広がる

### 登山データ

| 標　　高 | **707**m |
|---|---|
| 総歩行距離 | **15.8**km |
| 累積標高差 | 上り：**1153**m<br>下り：**1153**m |

### 問合せ先

静岡市清水区地域総務課
☎054-354-2028
静岡市観光・MICE推進課
☎054-221-1438
東明タクシー
☎054-375-4321

① 由比駅
② 薩埵峠
③ 立花池分岐
④ 但沼分岐
⑤ 浜石岳 707m
⑥ 浜石芝広場
出発点の由比駅
① 由比駅
15.8km

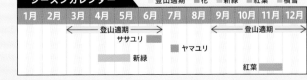

### シーズンカレンダー

■登山適期　■花　■新緑　■紅葉　■積雪

| 1月 | 2月 | 3月 | 4月 | 5月 | 6月 | 7月 | 8月 | 9月 | 10月 | 11月 | 12月 |
|---|---|---|---|---|---|---|---|---|---|---|---|

←―――登山適期―――→　　　　　←―――登山適期―――→
ササユリ
ヤマユリ
新緑
紅葉

コース MEMO　浜石岳に至るルートは数多くあり、いろいろなコースが楽しめる。また頂上直下まで車で行けるので、時間がなく展望だけ楽しみたいときにも来られる山である。

## アクセス

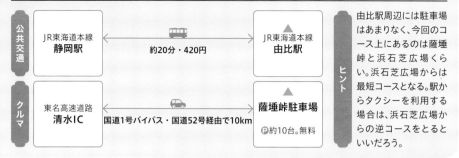

| | | | |
|---|---|---|---|
| **公共交通** | JR東海道本線<br>**静岡駅** | 🚌 約20分・420円 | JR東海道本線<br>▲ **由比駅** |
| **クルマ** | 東名高速道路<br>**清水IC** | 🚗 国道1号バイパス・国道52号経由で10km | ▲ **薩埵峠駐車場**<br>P約10台。無料 |

**ヒント** 由比駅周辺には駐車場はあまりなく、今回のコース上にあるのは薩埵峠と浜石芝広場くらい。浜石芝広場からは最短コースとなる。駅からタクシーを利用する場合は、浜石芝広場からの逆コースをとるといいだろう。

**プロフィール** この山の特徴はなんといっても広々とした山頂とそこからの展望である。駿河湾越しの伊豆半島。大きく裾野を広げる富士山。南アルプスは北部から南部まで見渡すことができる。また旧東海道の難所、薩埵峠からの富士山も見事である。

### ▲ 薩埵峠にて<br>東海道五十三次の富士を眺める

身支度をすませ❶由比駅を出発する。正面の車道を左へ。道なりにしばらく行くと右手に薩埵峠の表示が出てくるので、右折して細い路地に入る。この路地は旧東海道であり、倉沢・寺尾の古い家並みが続く。江戸時代の面影を楽しみながらしばらく行くと分岐になり、右にぐ

薩埵峠付近では国道1号、東名高速、東海道本線が並行して走る

旧東海道の倉沢・寺尾集落を薩埵峠に向かう

っと登る道に薩埵峠の道標が立つ。ここからは旧街道の趣はなく農道の風情になる。

そのまま車道を登り続けると❷薩埵峠の駐車場に出る。トイレのある駐車場から興津側に数分行くと展望台があるので、ぜひ立ち寄ってみよう。ここからの富士山はまさに絶景で、歌川広重の東海道五十三次の現代版といったところだろうか。いまでも薩埵峠は東名高速、国道1号、東海道本線が一カ所に集中する東西の交通の要衝である。

浜石岳へは、駐車場手前の十字路にある東海自然歩道の案内板に従って北上していく。しばらく農道を登って行くと左手に石の階段と東海自然歩道の案内板があるのでここを入っていく。果樹園の脇を抜けたり廃屋の横を通ったりと、作業道という感じの道である。

←浜石岳の頂上から山々の重なる安倍東稜を眺める
↑コース途中の立花池は往復20分ほど
→花期には登山道脇に散見できるササユリ

　いったん車道に出た後、再び登山道に入り、薄暗い竹林を抜けていく。夏期は少し藪っぽくなるところもあるが、要所要所で道標が出てくるので心配することはない。ようやく道がスッキリしてくると植林地である。このあたりから花期（6月中旬～6月下旬）にはササユリを見ることができる。

　変わらずダラダラとした登りが続く。たまに送電線沿いに視界が開けるが、基本的には展望はない。少し飽きたところで**❸立花池分岐**に着く。池までは往復で20分ほど。林の中に佇む静かな池だ。余裕があれば立ち寄るといい。

### ▲ 長い登りをこなし、山頂で大展望を堪能する

　同じような道が**❹但沼分岐**まで続くが、その後は急登も出てくる。野外センター分岐をやり過ごし、無線中継所を過ぎるとようやく周囲が開けてくる。もうひと登りで浜石岳頂上だ。
　頂上が近づくにつれ、徐々に富士山が姿を現してくる。たどり着いた広々と気持ちいい**❺浜石岳**の頂上からは、駿河湾から富士山、南アルプスの大展望が楽しめる。ここまでの展望のない長い登りの努力が報われる瞬間である。

　たっぷり休憩したら下山にかかる。由比駅までの下山路は多く、それぞれ道標も完備している。ここでは林道沿いの道を紹介する。
　頂上にある鐘の脇から林道に下りると「阿僧・西山寺」と書かれた道標がある。そこの踏み跡を入っていくと林道をショートカットできる。いったん林道に出るが、再びショートカットする道に入る。すぐにまた林道に出るが、そこからは林道を行く。長い車道歩きであるが、**❻浜石芝広場**では富士山が望め、その後も駿河湾を見下ろしながら歩く。

---

#### 立ち寄りスポット

## ゆい桜えび館
ゆいさくらえびかん

　由比の特産である桜えびのオリジナル商品や削り節、いわしふりかけを製造販売し、由比の地場産商品なども取り扱う。削り節の製造過程の見学や削りたて商品の購入もできる。併設される桜えび茶屋では生桜えびのてんぷらと手打ち蕎麦が食べられる。☎054-375-2448。9時30分～17時。年始休。

 帰りに「ゆい桜えび館」に寄りたい場合は、コース終盤の阿僧と西山寺の分岐を阿僧方面に行くといい。近くには由比宿交流館（☎054-375-5166）や東海道広重美術館の立つ由比本陣公園もある。

途中の阿僧と西山寺の分岐は右の西山寺方面へ。その後も随所に道標が出てきて由比駅まで導いてくれる。西山寺には蕎麦店が何軒かあるので、寄っていくのもいい。旧街道に入れば宿場町の雰囲気が残る町並みになる。桜えびの販売店もいくつかあり、冷やかしながら歩けばすぐに❶由比駅だ。　　　　　（取材／古林鉄平）

頂上から南アルプスの北岳（中央）を望む

| ❶ 由比駅 | 1:00 | ❷ 薩埵峠 | 2:10 | ❸ 立花池分岐 | 0:50 | ❹ 但沼分岐 | 0:50 | ❺ 浜石岳 | 0:40 | ❻ 浜石芝広場 | 1:30 | ❶ 由比駅 |
|---|---|---|---|---|---|---|---|---|---|---|---|---|

頂上が近づくにつれ、少しずつ富士山が顔を出す

蕎麦店が数軒ある

富士山がよく見える

登下降をくり返す

夏場は少々薮っぽくなる

旧東海道の古い家並みが続く

南側に少し行くと富士山の見える展望台あり

静岡県　静岡市　清水区

駿河湾

浜石岳

1:50,000
0　　500　　1km
1cm=500m
等高線は20mごと
N

# 竜爪山
りゅうそうざん

| 歩行時間 | 4時間10分 |
|---|---|
| 登山難易度 | 初級 |

技術度 ★☆☆ 体力度 ★★☆

文珠岳から見た清水市街。のどかな頂からは清水港を行きかう船も見える

## 登山データ

| 標　高 | **1041**m（文珠岳） |
|---|---|
| 総歩行距離 | **6.6**km |
| 累積標高差 | 上り：**862**m<br>下り：**862**m |

## 問合せ先

静岡市葵区地域総務課
☎054-254-2115
静鉄バスコールセンター
（しずてつジャストライン）
☎054-252-0505

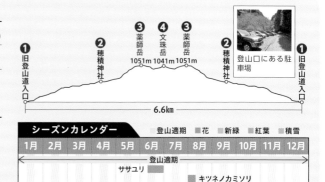

❶旧登山道入口 ❷穂積神社 ❸薬師岳 1051m ❹文珠岳 1041m ❸薬師岳 1051m ❷穂積神社 ❶旧登山道入口

登山口にある駐車場

6.6km

### シーズンカレンダー

登山適期 ■花 ■新緑 ■紅葉 ■積雪

| 1月 | 2月 | 3月 | 4月 | 5月 | 6月 | 7月 | 8月 | 9月 | 10月 | 11月 | 12月 |
|---|---|---|---|---|---|---|---|---|---|---|---|

登山適期

ササユリ

キツネノカミソリ

新緑

紅葉

降雪

コースMEMO 古くから登山対象になっていた山なので、他のコースや地元の人しか知らないバリエーションルートなども多々ある。登山道以外の踏み跡に入ってしまわないよう気をつけよう。

| | | | | | | | |
|---|---|---|---|---|---|---|---|
| 公共交通 | JR **静岡駅** | しずてつジャストライン 約40分・430円 | 瀬名 **新田バス停** | りゅうそう号デマンドバス 約10分・220円 | **平山バス停** | 徒歩 約60分 | ▲ 旧登山道入口 |
| クルマ | 東名高速道路 **清水IC** | 国道1号、県道201号経由で15km | | | ▲ 旧登山道入口 Ⓟ登山口付近に約10台。100円 | | |

りゅうそう号デマンドバスは発車時刻の90分前までに、静鉄バスコールセンターに乗車予約が必要（受付は1カ月前から）。運行は往復で12便あるが、行動時間が大幅に制約されるため、マイカーでのアクセスがおすすめ。

---

プロフィール 古くから信仰の山であり、静岡市街からも特徴ある双耳峰がよく見える。竜爪山とはその2つのピーク、薬師岳と文珠岳の総称である。一等三角点のある文珠岳は展望もよく登山口までも近いため、年間を通して訪れる登山者の多い人気の山だ。

### 旧道を通り穂積神社へ
### 信仰の山の杉の巨木を見上げる

❶旧登山道入口の鳥居から登山道へ入る。鳥居の手前に湧き水が出ているので登山中の水はそこで汲むことができる。歩き出すとすぐに踏み跡がいくつかに分かれるが、近くの堰堤で合流するので歩きやすいところを歩けばよい。

堰堤を越えると鉄製の橋で沢を渡る。少し行

文珠岳頂上から見た富士山。左のピークは薬師岳

くと丁目石が道端に現れ、古くからの道だと実感するだろう。左下に沢を見ながらのなだらかな道で、ところどころに石段も残る。

しばらく行くと、まず竜走の滝との表示が出てくる。この滝は近くまでは行けないので登山道から眺め下ろすだけである。その上の肝冷しの滝は近くまで行ける道がある。分岐から往復で15分ほどみておけばいい。二段の滝で水量がある時はなかなかの迫力だ。

分岐まで戻り、再び登山道を歩く。11丁目を過ぎたあたりから13丁目までは少し急で息が切れる。その後もしばしば急登が出てくるが長くは続かないので険しいという感じはしない。新道と合流し、登山道脇の杉が立派になってくると間もなく❷穂積神社に到着する。飲料の自動販売機、公衆トイレ、ベンチがあり休憩にはも

旧登山道入口。鳥居をくぐって登山道に入る

←文珠岳から見た
南アルプス。左か
ら上河内岳、聖
岳、赤石岳
↑登山道はおおむ
ねなだらかな傾斜
が続く
→穂積神社先の鉄
階段。後半は急に
なる

ってこいの場所だ。

なお、穂積神社までは車で来ることもできる
が、下から旧道を歩いてくる人のほうが多い。そ
れほどの魅力ある道だということだろう。

### 急登を登りきり稜線へ
### 好展望の文珠岳をめざす

社殿の裏から山頂方面へ。夫婦杉から始まり
登山道の周囲にはみごとな杉の大木が並び、信
仰の山の雰囲気を強く感じる。なだらかに登り、
基礎の残る旧社殿跡を過ぎると鉄製の階段が現
れる。道標は階段のほうを指しているが、その奥
には尾根を巻くように道が付いている。

階段も巻き道も上で合流する。所要時間もさ
ほど変わらない。行きは階段で登ることにしよ
う。登り始めは段差も低くリズムよく登れる。
徐々に急になってきた頃、巻き道と合流する。こ
のあたりでやっと、右手に富士山が顔を出す。

鉄製の階段が終わっても、次は木製の階段に
なり急登は続く。冬であっても汗が滲み出てく
る場所だ。急登を登りきると道標の立つ尾根筋
の分岐に到着する。振り返ると富士山が美しい。
この分岐を俵沢方面に30分ほど行くとキツネ
ノカミソリの群生地がある。8月上旬頃が花期

である。花期に竜爪山を訪れたならばぜひとも
足を延ばしてみよう。

頂上へは分岐に従って南へ。なだらかな植林
地を数分行けば❸薬師岳（やくしだけ）だ。木々に囲まれて展
望はなく、頂上表示板とお社があるだけである。
休憩は展望のある文珠岳にして、先へ。

いったん下り、登り返す。最後に少し階段があ
るが、明るくよい道である。たいして時間もかか
らず、一等三角点のある❹文珠岳（もんじゅだけ）に到着する。南
東方向が開け駿河湾、伊豆半島、清水市街がよく
見える。北東には富士山、北西方面には木々の隙

COLUMN

## 南アルプス主稜線まで続く安倍東稜

竜爪山がある稜線は安倍東稜と呼ばれ、静
岡市中心部にある浅間神社から竜爪山、安倍
奥最高峰の山伏（やんぶし）へと至り、白峰南嶺と名前を
変えて笊ヶ岳（ざる）、伝付峠、そして白峰三山の農
鳥岳、間ノ岳へと続く。浅間神社から静岡県
最北の間ノ岳まで地
図の平面距離で約
100km。ロマンを感
じさせる稜線だ。

竜爪山権現を祀る穂積神社の御利益のひとつに「弾除け」がある。第二次大戦中は、出生する兵士やそ
の家族の参詣が多かったといわれている。

登山道から見おろす竜走の滝

## 平山温泉龍泉荘
ひらやまおんせんりゅうせんそう

　登山口と静岡市街を結ぶ竜爪街道(県道201号)沿いの平山集落にある温泉宿。昭和33年創業の建物は当時のままで、レトロな雰囲気が漂う。現在は日帰り入浴のみの営業。シャワーやお湯の出るカランはなく、石けんやシャンプーの使用は禁止。飲泉もできる。☎054-266-2461。入浴料500円(1時間)。9〜17時(土曜・休日〜18時)。火曜休。

間からになるが南アルプスも望める。ベンチもいくつかあるので、展望を楽しみながらランチタイムにしよう。

　景色を十分に楽しんだならば来た道を引き返す。穂積神社の下の分岐は左手の広い新道のほうに行きたくなるので、道標をしっかり確認して右へと下ること。　　　　　（取材／古林鉄平）

| ❶旧登山道入口 | → 1:20 | ❷穂積神社 | → 0:50 | ❸薬師岳 | → 0:15 | ❹文珠岳 | → 0:15 | ❸薬師岳 | → 0:40 | ❷穂積神社 | → 0:50 | ❶旧登山道入口 |
|---|---|---|---|---|---|---|---|---|---|---|---|---|

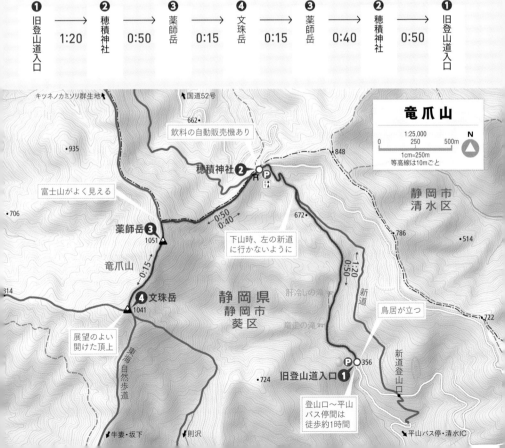

キツネノカミソリ群生地
国道52号
662
飲料の自動販売機あり
848
・935
穂積神社 ❷
富士山がよく見える
静岡市
清水区
・706
672
786
・514
薬師岳 ❸
1051
0:50
0:40
下山時、左の新道に行かないように
竜爪山
314
1:20
0:50
新道
文珠岳 ❹
1041
静岡県
静岡市
葵区
鳥居が立つ
722
展望のよい開けた頂上
東海自然歩道
・724
356
旧登山道入口 ❶
新道登山口
竜爪山
1:25,000
0　　250　　500m
1cm=250m
等高線は10mごと
N
登山口〜平山バス停間は徒歩約1時間
牛妻・坂下
則沢
平山バス停・清水IC

静岡県・愛知県

# 湖西連峰
こさいれんぽう

| 歩行時間 | **4**時間**40**分 |
|---|---|
| 登山難易度 | **初級** |

技術度 ★☆☆ 体力度 ★★☆

神石山頂上付近の登山道から豊橋市街を見おろす

## 登山データ

| 標　　高 | **325**m（神石山） |
|---|---|
| 総歩行距離 | **12.7**km |
| 累積標高差 | 上り：**692**m<br>下り：**669**m |

## 問合せ先

湖西市観光交流課
☎053-576-1230
豊橋市観光振興課
☎0532-51-2430
天竜浜名湖鉄道
☎053-925-6125

❶ 知波田駅
❷ おちばの里親水公園
❸ 大知波峠
❹ 多米峠
❺ 神石山 325m
❻ 普門寺
❼ 新所原駅

12.7km

## シーズンカレンダー

登山適期　■花　■新緑　■紅葉　■積雪

| 1月 | 2月 | 3月 | 4月 | 5月 | 6月 | 7月 | 8月 | 9月 | 10月 | 11月 | 12月 |
|---|---|---|---|---|---|---|---|---|---|---|---|

← 登山適期 →

新緑

紅葉

 コース MEMO　コースのところどころに「豊川道」との表示が出てくるが、これは昔、大知波地区の人たちが豊川市にある豊川稲荷に詣でた古道であったため。歴史を感じる山道でもある。

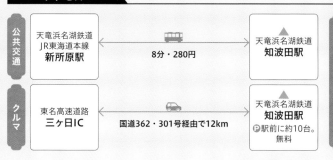

| | | | |
|---|---|---|---|
| 公共交通 | 天竜浜名湖鉄道<br>JR東海道本線<br>**新所原駅** | 🚌 8分・280円 | 天竜浜名湖鉄道<br>**知波田駅** |
| クルマ | 東名高速道路<br>**三ヶ日IC** | 🚗 国道362・301号経由で12km | 天竜浜名湖鉄道<br>**知波田駅**<br>Ⓟ駅前に約10台。無料 |

**ヒント** 電車でのアプローチが難しい場合は、知波田駅前の無料駐車場を利用すると便利だ。新所原駅から知波田駅まで電車で戻ることになるが、3駅で運賃は280円。なお知波田駅は無人駅で、運行は1時間に1～2本。

**プロフィール** 静岡県と愛知県の県境の尾根で、どちらの県からも尾根までは整備されたハイキングコースがたくさんある。地元の人々に愛され整備されてきた山域で、低標高ながら年間を通して訪れる人は多い。一等三角点のある神石山は展望もすばらしい。

### 謎多き山寺跡
### 大知波峠廃寺跡から尾根へ上がる

❶**知波田駅**を出発したら駅を背に右に進み、最初の路地を左に入る。その路地を行くと信号のある交差点が出てくるので右へ。田んぼを見ながらしばらく歩くとまた信号のある交差点になり、そこからは大知波峠廃寺跡への道標があるのでそれに従う。

あたりが開けてくると大知波峠も近い

農道から左に入り、林の中の車道を行くと❷**おちばの里親水公園**の駐車場に着く。トイレや飲料の自販機などもあるので、山道に入る前にひと休みしておくといい。

駐車場の脇を歩いていくと「左 今川源流　右 豊川道」との石の標柱があるので右へ。やがて舗装路は山道となる。少し行くと分岐となるがどちらを選んでもよい。まっすぐに行くと不動の滝経由で5分ほど多く時間がかかるが、ここでは不動の滝経由で行くこととする。

なだらかに歩いていくと、数分でこぢんまりとした不動の滝に到着する。滝を過ぎて少し傾斜が増してきたところで一度、林道に出る。道標に導かれて林道を進み、再び登山道へ。薄暗い林の中をしばらく行くと鍋割の水への道標が左手に現れる。

知波田駅からおちばの里親水公園へ向かう。前方が湖西連峰

←大知波峠から見た浜名湖方面。眺めのよい寺だったことがうかがえる
↑多米峠へと向かう登山道
→廃寺跡の石柱が立つ大知波峠

このあたりから徐々に林も明るくなり、やがて木々が途切れてくると廃寺跡の平場や石積などが見えてくる。すぐに❸大知波峠に到着だ。東側が開け浜名湖が眼下に広がっている。廃寺跡の案内板があるので興味のある人は案内板を読んで散策してみよう。平場や石積み、池などが残っていて当時を偲ばせる。

### 尾根を南下し 好展望の神石山をめざす

大知波峠からは尾根をひたすら南下していく。木々に囲まれうっそうとした雰囲気だが、送電鉄塔が尾根沿いに立っているので、その近辺になると空が開ける。しばらく行くと石巻山への分岐が現れるので多米峠方面へ。次の赤岩自然歩道の分岐も同じく多米峠方面へ。

この分岐を過ぎるとうっそうとした感じはなくなり、気持ちのよい登山道になる。展望もきくようになり正面にはこれから歩く稜線、右手には豊橋市街を望むことができる。いくつかのアップダウンをこなしていけば、ベンチのある❹多米峠に到着する。ここが本行程の中間地点となる。ゆっくりと休憩しよう。

再びアップダウンを繰り返しながら進む。雨

やどり岩を過ぎて下りきると神石山までの最後の登りになる。さほどきつい登りではなく、短時間で❺神石山の頂上に着くことができるだろう。頂上にはベンチが設置されているほか、南東側が開けて浜名湖方面がよく見え、空気が澄んでいれば左に富士山も望める。

のんびりと展望を楽しんだならば下山にかかる。道標に従い普門寺方面へ。少し急な下りをこなすと、普門寺旧境内の案内板が出てくる。このあたりには、以前、山寺であったときの遺構が多々残っている。変わらずよく整備された道だ

> 立ち寄りスポット

## うなぎパイファクトリー

おみやげで人気のうなぎパイの工場。記念品がもらえる工場見学（要予約）のほか、うなぎパイカフェでは、うなぎパイを使ったスイーツも食べることができる。工場直売店も併設されている。☎053-482-1765。入館、工場見学無料。9時30分〜17時30分（7・8月は〜18時）。無休（臨時休業あり）。

コースMEMO　新所原駅からJR東海道本線で2駅、新居町駅近くにある新居関所は、当時の建物が現存する全国唯一の関所跡。国指定特別史跡で、併設されている史料館には貴重な資料も多い。ぜひ訪ねたい場所だ。

が、湿っていると滑りやすい路面なのでそこだけ注意しよう。

　それほどの時間を要さずに❻普門寺に到着する。ここから❼新所原駅までは車道歩きだが、普門寺のあずま屋に詳しい案内地図が用意されている。途中に案内板もあるので問題なく駅まで歩けるはずだ。　　（取材／古林鉄平）

普門寺。左のあずま屋に新所原駅までの地図がある

❶ 知波田駅 →0:50→ ❷ おちばの里親水公園 →0:50→ ❸ 大知波峠 →1:10→ ❹ 多米峠 →0:50→ ❺ 神石山 →0:20→ ❻ 普門寺 →0:40→ ❼ 新所原駅

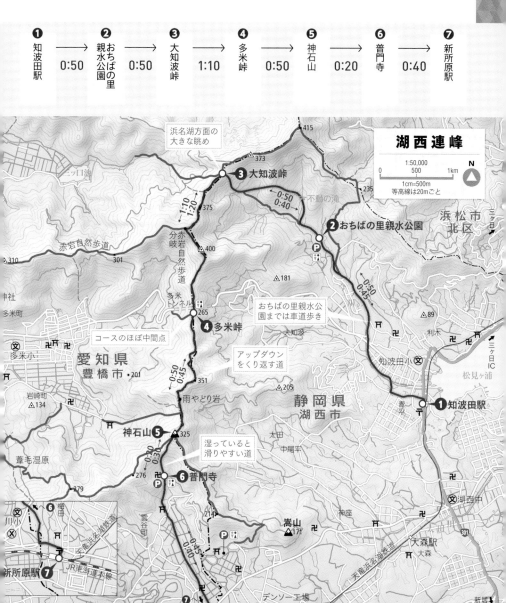

# 南木曽岳
なぎそだけ

| 歩行時間 | **6**時間 |
|---|---|
| 登山難易度 | **中級** |
| 技術度 ★★☆ | 体力度 ★★☆ |

摩利支天展望台より南木曽岳を望む

## 登山データ

| 標　　高 | **1677** m |
|---|---|
| 総歩行距離 | **13.1** km |
| 累積標高差 | 上り: **1177** m<br>下り: **1177** m |

### 問合せ先

南木曽町観光協会
☎0264-57-2727
おんたけ交通南木曽営業所
☎0264-57-2346
南木曽観光タクシー
☎0264-57-3133

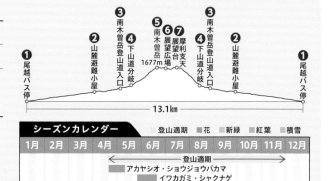

❶尾越バス停
❷山麓避難小屋
❸南木曽岳登山道入口
❹下山道分岐
❺南木曽岳 1677m
❻展望台
❼摩利支天展望広場
❸南木曽岳登山道入口
❹下山道分岐
❷山麓避難小屋
❶尾越バス停

13.1km

### シーズンカレンダー

登山適期　■花　■新緑　■紅葉　■積雪

| 1月 | 2月 | 3月 | 4月 | 5月 | 6月 | 7月 | 8月 | 9月 | 10月 | 11月 | 12月 |
|---|---|---|---|---|---|---|---|---|---|---|---|

登山適期
アカヤシオ・ショウジョウバカマ
イワカガミ・シャクナゲ
新緑
紅葉
積雪

コース MEMO　バスは1日5便運行しているが、始発を逃すと帰りの最終バスに間に合わない可能性が高い。山麓避難小屋までのタクシー利用を考えたい。南木曽駅から山麓避難小屋まで5000円前後。

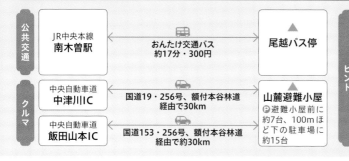

| 公共交通 | JR中央本線 **南木曽駅** | ⇄ おんたけ交通バス 約17分・300円 | ▲ **尾越バス停** |
|---|---|---|---|
| クルマ | 中央自動車道 **中津川IC** | ⇄ 国道19・256号、額付本谷林道経由で30km | ▲ **山麓避難小屋** ℗ 避難小屋前に約7台、100mほど下の駐車場に約15台 |
| | 中央自動車道 **飯田山本IC** | ⇄ 国道153・256号、額付本谷林道経由で約30km | |

**プロフィール** 中央アルプスの南西部に位置し、別名「金時山」とも呼ばれる。古くから山岳信仰の山として親しまれ、乗鞍岳や御嶽山、中央アルプス、恵那山などの大展望が広がる。山頂へは急斜面が続くが、桟橋や木段、クサリ場が整備され、変化に富んだ登山が楽しめる。

### ▲ コウヤマキの天然林を抜け 桟橋や木段の急登を経て山頂へ

❶**尾越バス停**から国道256号に出たら、民家の間に延びる車道をあららぎキャンプ場方面へと進む。30分ほどでキャンプ場となり、さらに30分で南木曽岳の第1駐車場を左に見送り100mで❷**山麓避難小屋**となる。ひと息入れたら、すぐ先の林道ゲート手前から自然研究

山腹に広がるコウヤマキの天然林

路を進もう。林道に出たら右へ進めば❸**南木曽岳登山道入口**だ。ゆるやかに登っていくと、じきに木橋を渡る。樹林に囲まれた登山道を登ること、15分ほどで❹**下山道分岐**だ。この先、急登が続くのでひと息入れていこう。

下山道を右に見送り、左へ登っていく。途中、金時ノ洞窟、さらに水は流れていない喉ノ滝がある。丸太の桟橋やハシゴを登っていくと岩が多くなってくる。赤ペンキに導かれながら登っていくと金明水だ。このあたりから木曽五木のコウヤマキの天然林へと入っていく。案内看板によれば、「コウヤマキは秋篠宮家のご長男、悠仁親王殿下のお印」とのこと。

豊かなコウヤマキ林を登っていくと、しばらくでひときわ急な丸太階段が見えてくる。息を切らせて登れば、一度、傾斜がゆるみ、クサリ

クサリ場の迂回路として整備されている桟橋

←晴れていれば御嶽や中央アルプスが広がる展望広場
↑いざというときに心強い南木曽岳避難小屋
→樹林に囲まれた南木曽岳山頂

場となる。ただ、現在は岩場の右側に立派な桟橋が設置されており、クサリ場を行かずとも楽に登ることができる。桟橋からは恵那山方面が望める。桟橋を抜け、丸太階段道を登ると、一度傾斜がゆるむ、かぶと岩と山頂部が見えてくる。

尾根道を左側から回り込むように登っていくと、ひと登りで三角点とベンチがある**❺南木曽岳**の山頂だ。樹林に囲まれ展望はないが、すぐ先の南木曽嶽山大神の祠の反対側に「柿其渓谷・御嶽・乗鞍・展望台」があり、晴れていれば岩上から御嶽山が望める。

### 御嶽や中央・南アルプスの展望広場から下山道を急下降

南木曽岳山頂からは樹林を抜けササ原の中をひと下りで、南木曽避難小屋とトイレ（チップ制）がある。雨に降られたり風が強いときなどは、ここで昼食にするとよいだろう。天気が良い日は、上の原からのコースを合わせたすぐ先にある**❻展望広場**でお昼としたい。ベンチや展望図があり、岩上からは中央アルプスから南アルプス、御嶽山などの大パノラマが広がる。心ゆくまで展望を楽しみながら、山上のひとときを過ごしたい。

下山は道標にしたがい「下山道」を摩利支天方面へと下っていく。一度小さく下ってから登り返すと、下山道と摩利支天展望台の分岐がある。時間があれば、**❼摩利支天展望台**を往復してこよう。分岐からわずかに進めば切り立った岩上があり、眼前には恵那山方面、振り返ると南木曽岳方面が見える。

展望台から分岐へと戻り、下山道を下る。はじめはササ原のなかをゆるやかに進むが、じきに急下降が始まる。コースの大半が丸太の階段下りといった感じで、ぐんぐん下っていく。木

---

立ち寄りスポット

## 南木曽岳周辺の温泉
なぎそだけしゅうへんのおんせん

マイカー利用者向けになるが、妻籠宿に隣接する南木曽温泉をはじめ富貴畑高原温泉、柿其温泉などの宿では日帰り入浴を受け付けている（写真はホテル富貴の森）。妻籠宿や馬籠宿の観光を含めて立ち寄ってみるのもおすすめ。温泉等に関する詳細は南木曽町観光協会まで。☎0264-57-2727。

展望広場から「上の原」コースをたどり南木曽駅へと下ることもできる。ただし、標高差は1200mを超え、コースタイムも駅までは3時間30分と長く健脚者向き。

段は濡れていると滑るので周囲の木などを掴みながら確実に下っていきたい。順調に下れば1時間ほどで❹**下山道分岐**に降り立てる。

あとは往路を戻るのみ。❷**山麓避難小屋**へ戻る途中、時間が許せば男滝女滝に立ち寄りたい（所要約15分）。滝見学後は、長い車道を❶**尾越バス停**へと下ろう。 　（取材／松倉一夫）

二段に落ちる男滝

| ❶尾越バス停 | → | ❷山麓避難小屋 | → | ❸南木曽岳登山道入口 | → | ❹下山道分岐 | → | ❺南木曽岳 | → | ❻展望広場 | → | ❼摩利支天展望台 | → | ❹下山道分岐 | → | ❸南木曽岳登山道入口 | → | ❷山麓避難小屋 | → | ❶尾越バス停 |
|---|---|---|---|---|---|---|---|---|---|---|---|---|---|---|---|---|---|---|---|---|
| | 1:00 | | 0:15 | | 0:15 | | 1:40 | | 0:15 | | 0:20 | | 1:00 | | 0:10 | | 0:15 | | 0:50 | |

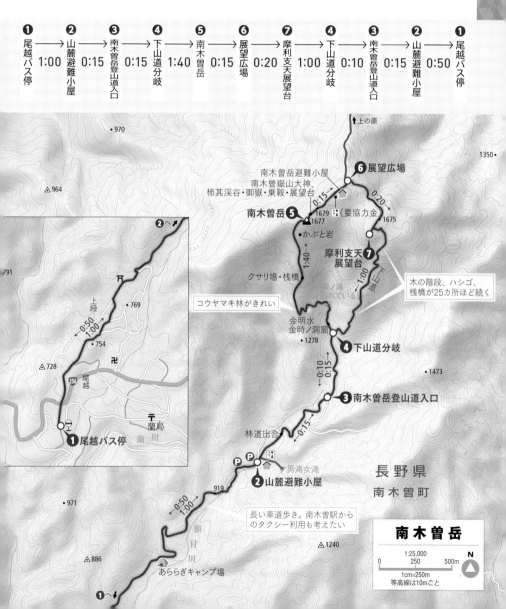

南木曽岳避難小屋
南木曽嶽山大神、
柿其渓谷・御嶽・乗鞍・展望台
❻展望広場
❺南木曽岳　1679　1677　(要協力金)　1675
かぶと岩
摩利支天展望台❼
木の階段、ハシゴ、桟橋が25カ所ほど続く
クサリ場・桟橋
コウヤマキ林がきれい
金明水　金時ノ洞窟　1278
❹下山道分岐
1473
❸南木曽岳登山道入口
林道出合
❷へ
上段
尾越　256
❶尾越バス停
蘭局　蘭川
男滝女滝
❷山麓避難小屋
長い車道歩き。南木曽駅からのタクシー利用も考えたい
あららぎキャンプ場
長野県　南木曽町

**南木曽岳**

1:25,000　0　250　500m
1cm=250m　等高線は10mごと　N

# 大川入山
おおかわいりやま

| 歩 行 時 間 | **5**時間**20**分 |
| --- | --- |
| 登山難易度 | **中級** |
| 技術度 ★★☆ 体力度 ★★☆ | |

大川入山中腹から見た雲海に浮かぶ南アルプス

## 登山データ

| 標　　　高 | **1908**m |
| --- | --- |
| 総歩行距離 | **12.3**km |
| 累積標高差 | 上り: **1035**m<br>下り: **1135**m |

### 問合せ先

阿智村地域経営課☎0265-43-2220
根羽村総務課(西部コミュニティバス)
☎0265-49-2111
信南交通・乗合バス☎0265-24-0005
アップルキャブ南信州広域タクシー
☎0265-28-2800

① 治部坂高原バス停
② 横岳
③ 大川入山 1908m
④ 尾根転換点
治部坂高原の駐車場
⑤ あららぎ高原スキー場
⑥ 寒原バス停

12.3km

### シーズンカレンダー

登山適期　花　新緑　紅葉　積雪

| 1月 | 2月 | 3月 | 4月 | 5月 | 6月 | 7月 | 8月 | 9月 | 10月 | 11月 | 12月 |
| --- | --- | --- | --- | --- | --- | --- | --- | --- | --- | --- | --- |
| | | | | | | | 登山適期 | | | | |
| | | | | イワウチワ・ショウジョウバカマ | | | | | | | |
| | | | | | ヤマツツジ・サラサドウダン | | | | | | |
| | | | 新緑 | | | | | | 紅葉 | | |
| | | 積雪 | | | | | | | | | |

コース MEMO　寒原バス停と治部坂高原バス停を結ぶバスは浪合巡回バスと西部コミュティバスがある。土・日曜、祝日は寒原バス停発12時台、15時台が利用できるが、平日は12時台を逃すと、17時台までないので注意。

**アクセス**

| | | | | | |
|---|---|---|---|---|---|
| 公共交通 | JR飯田線 **飯田駅** | 信南交通・乗合バス 約45分・400円 | **こまんば バス停** | 西部コミュニティバス 約25分・100円 | **治部坂高原 バス停** |
| | JR飯田線 **飯田駅** | 信南交通・乗合バス 約45分・400円 | **こまんば バス停** | 西部コミュニティバス 約15分・100円 | **寒原バス停** |
| クルマ | 中央自動車道 **飯田山本IC** | 国道153号経由で約20km | | | **治部坂高原** Ⓟ治部坂高原に 200台。無料 |
| | 東海環状自動車道 **豊田勘八IC** | 国道153号経由で約68km | | | |

**ヒント** 飯田駅からこまんばへのバスが午前中にはないため、バスのみを利用しての日帰り登山は実質的に無理。マイカーの場合も、寒原から治部坂高原のバス本数が限られるので、往復登山として計画するのが無難だろう。

**プロフィール** 中央アルプスの最南端に位置し、大川入川の源流にあたる山。信州百名山にも名を連ね、樹林を抜けた山上からは、御嶽山から北・中央・南アルプス、八ヶ岳までの大展望が広がる。山頂へは治部坂高原とあららぎ高原から登山道が整備されている。

### 治部坂高原から横岳を経て 南アルプス望む頂へ

**❶治部坂高原バス停**のスキー場反対側の茶屋脇から大川入山登山口の案内に従い舗装路を進む。すぐに車道が終わり、山道へと入る。まずは植林帯を登っていく。

途中、ちょっとした崩壊地を過ぎて尾根道を登っていくと、一度、樹間から山上にササ原が

横岳中腹より樹間に大川入山を望む

広がる大川入山が姿を見せる。さらに、尾根道が左へと回り込むあたりまで上がってくると、背後に南アルプスが広がる。

傾斜がゆるんでくると、じきに**❷横岳**の山頂だ。樹林に囲まれ展望はないが、三角点がありベンチが置かれている。小休止したいところだが、山頂から10分ほど先にもベンチがあり、展望も広がるので、休むのはそちらがよい。

展望地でひと息入れたら、尾根道をゆるやかに下りシラビソ林へと入っていく。途中、山頂まで2kmポイントを過ぎると登りになる。さらに、小さなアップダウンを経て一度下ると横岳と大川入山の鞍部だ。

鞍部の先で山頂まで1kmポイントを経て、わずかに登れば樹林を出、明るい山道となる。山腹を右側から巻いて登っていくと、徐々に樹

樹林に囲まれた横岳山頂

大川入山からのパノラマ

←樹林帯を抜け、大川入山直下の笹原を登っていく
↑北・中央・南アルプスの展望広がる大川入山
→明るい小広場の大川入山の山頂

林が低くなりササ原の気持ちいい道となる。振り返ると南アルプスが広がっている。山頂は樹林が邪魔して山脈全体を見ることができないので、途中で大パノラマを満喫しておこう。

最後に小さな樹林を抜けると**大川入山**の山頂だ。ベンチや展望案内図が整備されており、山座同定が楽しめる。天気がよければ、樹間のピンポイントから槍穂高連峰と塩見岳も確認できる。交通の都合で、多くの登山者は往路を戻る往復登山だが、あららぎ高原へ下る場合はバス時間を考え、余裕をもって下山したい。

### コメツガの尾根道をたどり スキー場内を抜けて寒原へ

山頂展望を楽しみお昼を済ませたら、あららぎ高原スキー場へと向け下っていこう。途中、あららぎコース側の山頂まで1kmポイントを

下山途中の尾根から見た大川入山

過ぎると、鞍部から登り返しとなる。振り返ると、北側斜面は樹林に覆われている大川入山が見える。尾根が東西に延びる**④尾根転換点**まで上がったら右へと折れて尾根道を進む。こちら側はシラビソでなくコメツガが多い。

尾根道はよく踏まれ、快適に下っていける。途中、2kmポイントを通過したら、一度1725m標高点の小ピークを越え下っていく。しばらくすると、右手から沢音が近づいてくる。現在は地形図にある山道より南側の尾根沿いに山道がつけられている。しばらく下ってい

---

**立ち寄りスポット**

## 治部坂高原
じぶざかこうげん

国道153号の最高点に位置する登山口の治部坂高原は春はレンゲツツジがきれい。8月〜9月はスキーゲレンデを100万本のコスモスが彩り、リフトから見ることもできる。高原内には釣り堀やレストラン、物産館、美術館、ジャム工房、茶屋などもある。冬はスキー場がオープン。☎0265-47-1111。

**コース MEMO** 下山後の温泉は中央道方面なら、昼神温泉に「湯ったり〜な昼神」（☎0265-43-4311、入浴料620円）、東名高速方面なら、道の駅信州平谷に「ひまわりの湯」（☎0265-48-2911、入浴料600円）がある。

くと、尾根道を離れ、山腹を左へと回り込むように下り、あららぎ高原スキー場側の大川入山登山口に到着する。あとはスキー場内の道を下っていけば❺**あららぎ高原スキー場**のレストハウスだ。ひと息入れたら、1.8kmほどの車道歩きで国道153号との合流点の❻**寒原バス停**に到着する。　　　（取材／松倉一夫）

あららぎ高原スキー場内を下る

| ❶ 治部坂高原バス停 | | ❷ 横岳 | | ❸ 大川入山 | | ❹ 尾根転換点 | | ❺ あららぎ高原スキー場 | | ❻ 寒原バス停 |
|---|---|---|---|---|---|---|---|---|---|---|
| | 1:00 | | 1:50 | | 0:30 | | 1:30 | | 0:30 | |

岐阜県
中津川市

△1758

あららぎ高原スキー場 ❺
← 0:30 →
飯田
恩田川
△1157

あららぎ高原スキー場
コメツガ林を行く
登山道入口（山頂まで4.2km）
寒原峠
△1922
尾根転換点
△1452
△1404
1:50
1:30
△1725
❹
•1902
2kmポイント
バス便少ない
寒原バス停 ❻
•1886
0:30
0:40
1km ポイント
△1797
❸ 大川入山
△1908
•1486
153
北・中央・南アルプスを展望
長野県
阿智村
△1369
明るいササ原を行く
1kmポイント
浪合小
浪合局
2kmポイント
シラビソ林を行く
△1684
△1173
樹間に大川入山を展望
1:50
1:30
展望地
•1616
（山頂まで3.6km）
❷ 横岳
△1575
登山道入口（山頂まで5.3km）
❶ 治部坂高原バス停

**大川入山**

1:00
0:45
南アルプス展望
1:50:000
治部坂高原スキー場
0　　500　　1km
1cm=500m
等高線は20mごと
N

平谷村

嶺
•1599

平谷
治部坂峠

# 伊吹山
いぶきやま

| 歩 行 時 間 | **6**時間**40**分 |
|---|---|
| 登山難易度 | **中級** |
| 技術度 ★★☆ 体力度 ★★★ | |

伊吹山頂上のシモツケソウの群落。伊吹山らしい眺めだ

## 登山データ

| 標　　高 | **1377**m |
|---|---|
| 総歩行距離 | **12.7**km |
| 累積標高差 | 上り：**1160**m<br>下り：**1160**m |

### 問合せ先

米原市伊吹庁舎商工観光課
☎0749-58-2227
湖国バス長浜営業所
☎0749-62-3201
都タクシー
☎0120-373-385

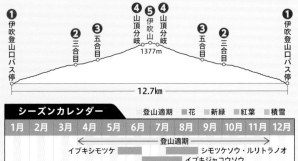

① 伊吹登山口バス停
② 三合目
③ 五合目
④ 山頂分岐
⑤ 伊吹山 1377m
④ 山頂分岐
③ 五合目
② 三合目
① 伊吹登山口バス停

12.7km

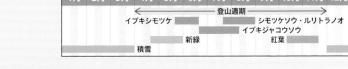

### シーズンカレンダー

登山適期　■花　■新緑　■紅葉　■積雪

| 1月 | 2月 | 3月 | 4月 | 5月 | 6月 | 7月 | 8月 | 9月 | 10月 | 11月 | 12月 |
|---|---|---|---|---|---|---|---|---|---|---|---|

登山適期
イブキシモツケ
シモツケソウ・ルリトラノオ
イブキジャコウソウ
新緑
紅葉
積雪

人気の花のシーズンが真夏だけに、日陰の少ない本コースでは日焼け対策が不可欠。また、五合目や頂上に自販機があるとはいえ、水は余分に持参し、熱中症対策も怠らないようにしたい。

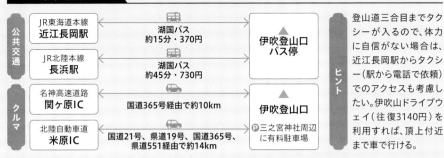

| | | | | |
|---|---|---|---|---|
| 公共交通 | JR東海道本線<br>**近江長岡駅** | 湖国バス<br>約15分・370円 | **伊吹登山口<br>バス停** | ヒント |
| | JR北陸本線<br>**長浜駅** | 湖国バス<br>約45分・730円 | | |
| クルマ | 名神高速道路<br>**関ヶ原IC** | 国道365号経由で約10km | **伊吹登山口**<br>P 三之宮神社周辺<br>に有料駐車場 | |
| | 北陸自動車道<br>**米原IC** | 国道21号、県道19号、国道365号、<br>県道551経由で約14km | | |

**アクセス**

登山道三合目までタクシーが入るので、体力に自信がない場合は、近江長岡駅からタクシー（駅から電話で依頼）でのアクセスも考慮したい。伊吹山ドライブウェイ（往復3140円）を利用すれば、頂上付近まで車で行ける。

**伊吹山**

**プロフィール** 古くからの山岳信仰の山。日本武尊（倭建命）と伊吹山の神の化身である白猪との戦いの神話も残り、頂上には両者の像が立つ。約1300種の花が咲く花の名山としても知られ、最盛期の8月には数多くの登山者が列をなす。日本百名山の一山。

▲ **樹林帯を抜け**
**花咲く草原を登る**

ここで紹介するコースは累積標高差が1000mを超える。1000mというのは、厳しいというほどではないが、けっして楽でもない。甘くみると途中でバテかねないので、自分の体力をしっかり見極めてからチャレンジしてほしい。

❶**伊吹登山口バス停**から三之宮神社の前を

ピンクがかわいらしいイブキジャコウソウ

ススキ咲く道を歩く。きつくなるのはこれから

通り、かつてスキー場があった名残りの旧ゴンドラ駅へ向かう途中右手の登山口から登山道に入る。登山口では、花をはじめとした自然保護のための入山協力金（300円）を任意で収めるシステムがとられている。

しばらくは樹林帯を登る。やがて、伊吹高原荘の立つ一合目で、ここからスキー場跡の草地を登ると再び樹林に入り、二合目を通過する。二合目から樹林帯を抜けるとまた草地となり、この先はほぼ日陰のない道が続く。このあたりから花が多く見られるようになるが、花の時期は7月から9月の暑い時期なので、日焼け対策だけでなく、熱中症防止のために風通しのいい服で歩きたい。

草地を登っていくとタクシーの入る❷**三合目**で、ここにはトイレと休憩舎がある。このあ

←夏の山頂は花がいっぱい。時間があれば遊歩道もぜひ歩きたい
↑売店や山小屋が立つ伊吹山の頂上
→頂上に立つ日本武尊像

たりは7月、ユウスゲの群落が見事だ。平坦な道が続くが、道はすぐに登り勾配となり、わずかな樹林を抜けたあと、❸五合目（ごごうめ）に到着する。飲み物の自動販売機があるので、手持ちの水の量に不安を感じたら購入しておくといい。

五合目からは本格的な登りが始まる。花々の間に続く道を九十九折に登っていく。夏の晴れた日なら、汗がどっと噴き出すことだろう。六合目避難小屋を通過し、七合目を過ぎるあたりから石灰岩の岩場が増えてくる。石灰岩は雨などで濡れるとたいへん滑りやすくなるので、スリップには十分注意したい。

 **ジグザグの急坂を登り
お花畑が待つ頂へ**

急登を続けると、やがてベンチと祠のある八合目。山頂分岐までは最後の急坂が控えているので、このあたりでひと息入れておきたい。

八合目から急坂を登って九合目を過ぎれば❹山頂分岐（さんちょうぶんき）に到着する。長く疲れる登りはこれでほぼ終わり。この山頂分岐では、伊吹山頂バス停（関ヶ原駅方面からの路線バス）から続く西遊歩道が合流する。

頂上へは、これまでとは打って変わってなだらかな道が続く。伊吹山寺の覚心堂（がくしんどう）を過ぎると山小屋や売店が並ぶ一帯となり、この一角の日本武尊像の立つ場所が❺伊吹山（いぶきやま）の頂上だ。三角点は少し東の、旧観測所跡に埋められている。

もし、体力や時間に余裕があるのなら、頂上部の1周に出発しよう。頂上部一帯は「伊吹山頂草原植物群落」として国の天然記念物に指定されている。東遊歩道を歩けば、シモツケソウの赤い群落やイブキジャコウソウ、イブキトラノオ、ルリトラノオなど、これぞ伊吹山という眺めを堪能できるだろう。山頂駐車場まで下っ

---

┌─── **立ち寄りスポット** ───┐

## 伊吹山文化資料館
いぶきやまぶんかしりょうかん

伊吹登山口から徒歩約20分。伊吹山とその山麓の自然や文化に関する考古資料、生活用具などを展示。ここから徒歩5分ほどのジョイ伊吹には、日帰り入浴できる「いぶき薬草湯」（☎0749-58-0105）がある。☎0749-58-0252。入館料200円。9～17時。月曜（祝日の場合は翌日）・年末年始休。

---

 天候悪化の際などは、夏の期間なら伊吹山頂バス停からJR東海道本線大垣・関ヶ原駅行きのバスで帰ってもいい。運行は名阪近鉄バス（乗合バス営業部☎0584-81-3326）。運行日は要問い合わせ。

てからは西遊歩道を歩いて頂上分岐に戻るが、西遊歩道も花がいっぱいだ。

　下りは往路を戻る。前述したが、石灰岩の岩場でのスリップには注意したい。また、下山時間も長いので、足に負担がかからないよう、ストックを活用して静かに下ることも大切だ。

（取材・森田秀巳）

伊吹山ドライブウェイから見た伊吹山

| ❶バス停伊吹登山口 | | ❷三合目 | | ❸五合目 | | ❹山頂分岐 | | ❺伊吹山 | | ❹山頂分岐 | | ❸五合目 | | ❷三合目 | | ❶バス停伊吹登山口 |
|---|---|---|---|---|---|---|---|---|---|---|---|---|---|---|---|---|
| | 1:40 → | | 0:40 → | | 1:20 → | | 0:15 → | | 0:15 → | | 1:00 → | | 0:30 → | | 1:00 → | |

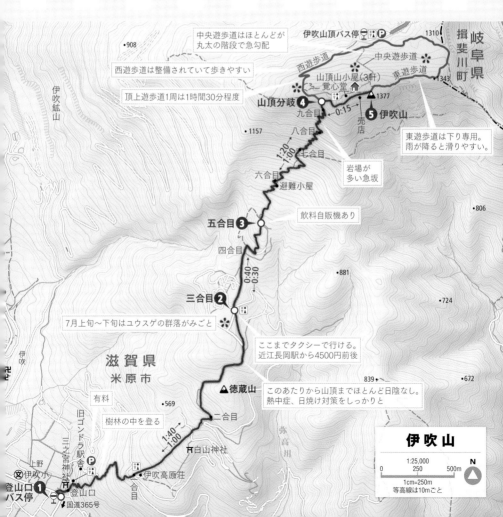

中央遊歩道はほとんどが丸太の階段で急勾配

西遊歩道は整備されていて歩きやすい

頂上遊歩道1周は1時間30分程度

伊吹山頂バス停

中央遊歩道

西遊歩道

東遊歩道

山頂山小屋（3軒）
覚心堂

山頂分岐 ❹

九合目

八合目

七合目

六合目

避難小屋

五合目 ❸

四合目

❺ 伊吹山

売店

東遊歩道は下り専用。雨が降ると滑りやすい。

岩場が多い急坂

飲料自販機あり

三合目 ❷

7月上旬〜下旬はユウスゲの群落がみごと

ここまでタクシーで行ける。近江長岡駅から4500円前後

滋賀県
米原市

▲徳蔵山

このあたりから山頂までほとんど日陰なし。熱中症、日焼け対策をしっかりと

有料

旧ゴンドラ駅舎

樹林の中を登る

二合目

白山神社

伊吹高原荘

上野

伊吹小

❶ 登山口
バス停

登山口

国道365号

岐阜県
揖斐川町

伊吹鉱山

伊吹

**伊吹山**

1:25,000
0　250　500m
1cm=250m
等高線は10mごと

N

# 霊仙山
りょうぜんざん

| 歩行時間 | 6時間25分 |
| --- | --- |
| 登山難易度 | 中級 |

技術度 ★★☆ 体力度 ★★★

霊仙山三角点から琵琶湖と対岸の比良山系を眺める

## 登山データ

| 標　　高 | **1094**m（最高点） |
| --- | --- |
| 総歩行距離 | **12.3**km |
| 累積標高差 | 上り：**1209**m<br>下り：**1209**m |

### 問合せ先

多賀町産業環境課
☎0749-48-8118
近江タクシー（愛のりタクシー）
☎0749-22-1111

❶今畑登山口　❷笹峠　❸近江展望台　❹霊仙山最高点　❺霊仙山三角点1084m　❻お虎ヶ池　❹霊仙山最高点　❸近江展望台　❷笹峠　❶今畑登山口

12.3km

### シーズンカレンダー

登山適期　■花　■新緑　■紅葉　■積雪

| 1月 | 2月 | 3月 | 4月 | 5月 | 6月 | 7月 | 8月 | 9月 | 10月 | 11月 | 12月 |
| --- | --- | --- | --- | --- | --- | --- | --- | --- | --- | --- | --- |

←→ 登山適期

フクジュソウ

ヤマシャクヤク
新緑

←登山適期→
リンドウ

積雪

紅葉

 谷山谷コースと落合コース（MAP参照）は荒廃のために長期間、通行禁止となっている。なお、谷山谷は特にヤマビルが多いエリアだが、本文で紹介したコースもヤマビルには注意が必要。

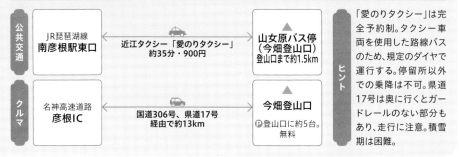

| 公共交通 | JR琵琶湖線 **南彦根駅東口** | ⇄ | 近江タクシー「愛のりタクシー」約35分・900円 | **山女原バス停（今畑登山口）** 登山口まで約1.5km |
|---|---|---|---|---|
| クルマ | 名神高速道路 **彦根IC** | ⇄ | 国道306号、県道17号経由で約13km | **今畑登山口** Ⓟ登山口に約5台。無料 |

**ヒント** 「愛のりタクシー」は完全予約制。タクシー車両を使用した路線バスのため、規定のダイヤで運行する。停留所以外での乗降は不可。県道17号は奥に行くとガードレールのない部分もあり、走行に注意。積雪期は困難。

**プロフィール** 西南尾根から山頂付近にかけて、カレンフェルトと呼ばれる、カルスト地形特有の石灰岩質の奇岩が特異な景観を演出している。最高点からは伊吹山、琵琶湖方面、伊勢湾も望める。可憐な山野草のほか、笹峠付近のブナ林など見どころも多い。

### 郷愁を誘う廃村今畑からブナ林を抜け近江展望台へ

❶**今畑登山口**から山道に入る。ものの数分で今畑の廃村に着く。廃村の水場にはいまも清水が流れている。蔵の土壁が年月を物語り、郷愁を誘う。居住者こそいないが、宗金寺はきれいに保たれている。年中行事などの際には、かつての住人たちが手入れをされていると聞く。

西南尾根から草原状の東南斜面を見おろす

石垣を左に見て、支尾根に乗る。落葉広葉樹の中を登っていくと、やがて山腹を巻くようになり、左の枝越しに、これから登る西南尾根が垣間見える。苔むしたカレンフェルトが点在するブナ林は、しっとりとした趣に満ちている。目立たない❷**笹峠**を過ぎると、東南側が開けたコルに出る。枝が著しく湾曲した木が目印だ。鈴鹿山系の三国岳、藤原岳などが彼方に見える。時折、シカの鳴き声が山中にこだまする。

さらにブナ林の緩斜面を進む。工事用ロープに誘導され向きを左にとると、樹林帯が終わって西南尾根の急登が始まる。踏み跡が錯綜する箇所もあるが、常に尾根の高いところを取れば問題ない。登り始めてしばらくして後ろを振り返ると、鍋尻山の丸い山容が間近に見える。

ほどなく、左に琵琶湖方面のワイドな眺めが

樹林帯を抜けると西南尾根の急登がはじまる

←Ⓐ山頂付近に咲くリンドウ Ⓑフクジュソウ Ⓒアマナ Ⓓヤマシャクヤク（Ⓑ〜Ⓓは西南尾根にて）
↑南霊岳手前の岩尾根 →琵琶湖の形をしているともいわれるお虎ヶ池

広がってくる。石灰岩がゴロゴロと敷き詰められたような尾根に登ると、❸近江展望台（おうみてんぼうだい）の道標に出る。なだらかな西南尾根の絶頂に、霊仙山最高点が覗く。

### 絶景を楽しみながら
### カレンフェルトの稜線を山頂へ

近江展望台から先は、尾根づたいに石塔が連続する歩きにくいルートで、踏み跡も薄い。山野草を愛でながらゆっくり歩こう。また、強風時は装備を飛ばされないよう、霧の発生時には進路を見失わないようにしたい。

左に南霊岳（南霊山）のピークを過ごせば、その直下に小さな池が見える。浮石に注意しながら稜線を詰める。右側が切れ落ちてくると、ほどなく❹霊仙山最高点（りょうぜんざんさいこうてん）に着く。360度の大展望がすばらしい。北側に滋賀県最高峰の伊吹山も見えている。

北西へ尾根をつたい、緩い鞍部を経て分岐へ。20年ほど前は背丈を超す深いササ藪を漕いだものだが、いまでは気候の変化かシカの食害か、ササはほぼ完全に姿を消した。左にすぐで、❺霊仙山三角点（りょうぜんざんさんかくてん）に着く。琵琶湖方面の眺めが抜群だ。フクジュソウの貴重な群落は、周

辺の土壌を踏み固めないよう配慮しよう。

十分に眺めを堪能したらぜひ、雨乞い伝説がある❻お虎ヶ池（とらいけ）（通称）に立ち寄ろう。分岐に戻って直進し、経塚山に登り返す。風雨のときには、さらに直進して5分ほどにある避難小屋が頼もしい。経塚山から西に転じ、よく踏まれた明瞭な道を下る。いくつかドリーネ（カルスト地形の窪地）があるが、お虎ヶ池には畔に鳥居が立っている。

下山は、往路を忠実に引き返す。近江展望台からの急坂は粘土質で滑りやすいので、特に注

### 立ち寄りスポット

## 河内風穴
かわちのふうけつ

県道17号沿いにある日本有数の長さをもつ鍾乳洞。総延長は10km以上あり、洞内は複雑な3層構造になっている。観光向けには入口から200mまでの1階と2階を見物できる。☎0749-48-0552（河内風穴観光協会）。入場料500円。9〜18時（冬期は1時間短縮。受付はいずれも1時間前まで）。

マイカーでのアクセスなら、下山後に「極楽湯 彦根店」で入浴ができる。夜遅くまで食事も可。名神高速・彦根ICに近い国道8号沿い。入浴料770円（土曜・休日は880円）。☎0749-26-2926。

意して下ろう。なお、健脚派であれば、お虎ヶ池から先に進み、お猿岩、見晴台を経て汗拭峠（とうげ）に下り、樗ヶ畑（くれはた）に出て林道を養鱒場（ようそんじょう）バス停に出ることもできる。お虎ヶ池から徒歩約3時間。養鱒場バス停からは湖国バス（長浜営業所☎0749-62-3201）でJR東海道本線醒ヶ井駅（さめがいえき）に出られる。

（取材／岡田敏昭）

霊仙山最高点から霊仙山三角点峰を望む

❶ 今畑登山口 → 0:50 → ❷ 笹峠 → 0:50 → ❸ 近江展望台 → 1:00 → ❹ 霊仙山最高点 → 0:15 → ❺ 霊仙山三角点 → 0:35 → ❻ お虎ヶ池 → 0:40 → ❹ 霊仙山最高点 → 1:00 → ❸ 近江展望台 → 0:40 → ❷ 笹峠 → 0:35 → ❶ 今畑登山口

霊仙山
1:25,000
0  250  500m
1cm=250m
等高線は10mごと

# 御池岳
おいけだけ

| 歩 行 時 間 | **5**時間**15**分 |
|---|---|
| 登山難易度 | **初級** |

技術度 ★☆☆ 体力度 ★★☆

御池岳を象徴するカルスト台地特有のカレンフェルトが印象的だ

### 登山データ

| 標　　　高 | **1247** m |
|---|---|
| 総歩行距離 | **9.1** km |
| 累積標高差 | 上り: **874** m<br>下り: **874** m |

### 問合せ先

いなべ市商工観光課
☎0594-86-7833
近鉄タクシー（北勢配車センター）
☎0594-72-2727
三岐鉄道
☎059-364-2141

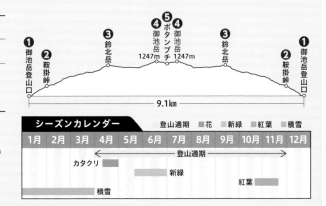

❶御池岳登山口
❷鞍掛峠
❸鈴北岳
❹御池岳 1247m
❺ボタンブチ
❹御池岳 1247m
❸鈴北岳
❷鞍掛峠
❶御池岳登山口

9.1km

### シーズンカレンダー

登山適期 ■花 ■新緑 ■紅葉 ■積雪

| 1月 | 2月 | 3月 | 4月 | 5月 | 6月 | 7月 | 8月 | 9月 | 10月 | 11月 | 12月 |
|---|---|---|---|---|---|---|---|---|---|---|---|

←　　　　　　登山適期　　　　　　→
カタクリ
新緑
紅葉
積雪

コース MEMO　登山口から鞍掛峠までの急登は意外に体力を消耗する。谷側が崩壊したような狭い箇所もある。先を急がずマイペースで登り始めよう。春〜秋の湿度の高い日はヤマビルにも要注意。

| | | | | |
|---|---|---|---|---|
| 公共交通 | 三岐鉄道北勢線<br>**阿下喜駅** | タクシー<br>約25分・6000円前後 | 御池岳登山口<br>（鞍掛トンネル）<br>**東口** | |
| クルマ | 東海環状自動車道<br>**大安IC** | 国道365・306号<br>経由で20km | 御池岳登山口<br>（鞍掛トンネル）<br>**西口**<br>Pトンネル出口に<br>各20台。無料 | ヒント |
| | 名神高速道路<br>**彦根IC** | 国道306号経由で21km | | |

**プロフィール** 鈴鹿山脈最高峰の御池岳は、「テーブルランド」と呼ばれる広々とした山頂部一帯にドリーネやカレンフェルトが点在し、カルスト地形特有の景観が広がっている。開けた尾根道と、ボタンブチ、奥ノ平など絶景が広がる好展望地も多く、爽快な山歩きが楽しめる。

### 展望のよい県境尾根をたどり
### 霊仙山・伊吹山の展望台へ

登山道は岩場やクサリ場などの難所がなく、急登も少ないため、鈴鹿の山の中では初級者でも歩きやすい山だ。頂上への最短ルートとして歩かれていたコグルミ谷コースは復旧したものの、駐車スペースがないため、ここでは鞍掛峠からの往復コースを紹介しよう。

鞍掛トンネル東口の駐車場。トイレはない

鞍掛トンネル東口の駐車場から「鞍掛道入口」の標識に従い登山道に入ると、すぐにスギの植林の中の九十九折の急登が始まる。次第に道は狭くなり、谷側が崩壊しかけて滑りやすい箇所もあるので注意したい。県境尾根と合流したところが❷**鞍掛峠**で、ここからは南に尾根通しに緩やかに登っていく。4月頃には登山道沿いにカタクリの花が咲く。途中から尾根の西斜面の樹林をたどるが、踏み跡が多く、迷いやすい箇所もあるので赤テープを目印に進もう。

1056mピークに出ると視界が一気に開け、振り返れば目前に三国岳、奥に霊仙山方面まで望める。この先、鈴北岳まで遮るもののない草原の広い尾根道を行く。次第に傾斜が増してくると左にタテ谷分岐を見送り、急斜面をひと登りすれば❸**鈴北岳**に着く。広々とした頂上か

鈴北岳からカレンフェルトの点在する台地を行く

177

←好展望台のボタンブチ。鈴鹿中南部の山々が一望できる
↑バイケイソウが群生する山頂付近の林は迷いやすい
→ほとんど展望のない御池岳山頂

らは、南へ丘陵上に広がるカルスト台地の左手に目指す御池岳が見える。北に伊吹山方面、西には琵琶湖が遠望できる。

 点在するカレンフェルトを抜け
絶景の崖縁を目指す

鈴北岳から南に草原と灌木の広い斜面を緩やかに下る。石灰岩が侵食されて形成されたカレンフェルトを左に見ながら進むと、元池との分岐に出る。ここには「レスキューポイント御池岳1」の標識があり、病気等の緊急時に119番してポイント名を告げれば現在地が伝わるようになっている。この分岐を右に御池岳方面へ進む。遭難碑を過ぎると右に小さな真ノ池が現れるが、このあたりは日本庭園と称される平原で、秋にはアケボノソウなどが咲く。

ほぼ平坦な道を10分ほど歩くとコグルミ谷分岐で、分岐を右に進んで小尾根に取り付く。バイケイソウが群生するオオイタヤメイゲツの樹林の中を緩やかに登って行く。カレンフェルトが点在する御池岳山頂付近の樹林帯も踏み跡が多く、一部道が不明瞭で進路を迷いやすいところもある。どんどん先に進まずに、目印の赤テープを確認しながら歩こう。しばらく歩くと

灌木に囲まれた狭い**④御池岳**山頂に着く。雑木に囲まれた頂上は展望がほとんどないので、この先のボタンブチへ向かおう。

山頂から少し戻って東へ向かい、樹林を抜けると、広い草原の台地に飛び出す。標識に従い、右に溝状の道をゆるやかに下って行くと、**❺ボタンブチ**と呼ばれる崖縁に出る。南西側が大きく開け、鈴鹿南部の山々が一望できる。展望を楽しんだら往路を戻ればよいが、時間に余裕があれば奥ノ平を回ってもよい。御嶽山や白山方面が眺められる展望台だ。

> ### 立ち寄りスポット
>
> ## 阿下喜温泉 あじさいの里
> あげきおんせん あじさいのさと
>
> 北勢線阿下喜駅からほど近い、かけ流しの天然温泉が自慢のいなべ市営温泉。泉質はアルカリ性単純温泉でさらりとしており、露天風呂もある。レストランや休憩室、地場産品が並ぶ物販コーナーも用意されている。☎0594-82-1126。入浴料550円。11～21時。木曜（祝日の場合は翌日）・年末年始休。
>
>

  御池岳山麓を西桑名駅から阿下喜駅へと走る三岐鉄道北勢線は、小さな黄色い電車が人気で、遠く関東からも鉄道ファンがやってくる。構内にはSLも展示されている。

なお、ボタンブチ周辺の台地は遮るものがなく突風が吹くこともあるので、防寒対策はしっかりとっておきたい。また、奥ノ平とボタンブチ一帯の台地は、ガスに巻かれると視界がきかず道に迷いやすい。実際に遭難事故も発生しているので、悪天候時は無理をせずに山頂手前で引き返そう。　　　　　（取材／坂上和芳）

ボタンブチ一帯の広い台地は強風とガスに要注意

| ❶ 御池岳登山口 | → | ❷ 鞍掛峠 | → | ❸ 鈴北岳 | → | ❹ 御池岳 | → | ❺ ボタンブチ | → | ❹ 御池岳 | → | ❸ 鈴北岳 | → | ❷ 鞍掛峠 | → | ❶ 御池岳登山口 |
|---|---|---|---|---|---|---|---|---|---|---|---|---|---|---|---|---|
| | 0:25 | | 1:10 | | 1:00 | | 0:20 | | 0:25 | | 0:50 | | 0:50 | | 0:15 | |

大上川（北谷）
306
鞍掛トンネル
三国峠
742
谷側が崩れやすい斜面
471
鞍掛峠
❷
0:25
0:15
P
急坂をジグザグに登る
多賀町
御池谷
ところどころにカタクリが見られる
御池岳登山口
❶
三重県
いなべ市
冬期通行止め
806
1:10
0:50
306
708
大藤原IC
展望よし
1056
コグルミ谷登山道はすでに復旧したが、登山口に駐車スペースはない。道標が少ないので、山慣れた人向き
鈴ヶ岳
△1130
ヒルコバ
ササ原の急坂を登る
タテ谷分岐
霊仙山、伊吹山方面の眺めがよい
801
鈴北岳 ❸
△1182
1165
元池
真ノ池
1148
カタクリ峠
94
日本庭園
1.00
0:50
遭難碑
（御池岳↑）
レスキューポイント
838
1182
滋賀県
東近江市
鈴鹿山脈の最高峰
（丸山）
御池岳 ❹
1247
山頂付近は赤テープの目印を見逃さないように
御池岳
悪天候や視界の悪い日は道に迷いやすいので要注意
0:20
0:25
奥ノ平
1241
1:25,000
0　　250　　500m
N
806
ボタンブチ ❺
1199
鈴鹿南部の山々が一望できる
白山方面が望める
1cm=250m
等高線は10mごと
藤原岳
845

# 雨乞岳
あまごいだけ

| 歩 行 時 間 | **5**時間**15**分 |
| --- | --- |
| 登山難易度 | **中級** |
| 技術度 ★★☆ 体力度 ★★☆ | |

東雨乞岳から雨乞岳を望む。ササで覆われた雄大な稜線は眺望もすばらしい

## 登山データ

| 標　　高 | **1238**m |
| --- | --- |
| 総歩行距離 | **8.0**km |
| 累積標高差 | 上り: **771**m<br>下り: **771**m |

## 問合せ先

東近江市永源寺支所
☎0748-27-1121
菰野町観光産業課
☎059-391-1129
三交タクシー
☎059-352-7171

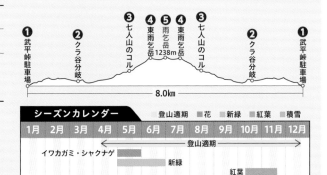

❶武平峠駐車場　❷クラ谷分岐　❸七人山のコル　❹東雨乞岳　❺雨乞岳 1238m　❹東雨乞岳　❸七人山のコル　❷クラ谷分岐　❶武平峠駐車場

8.0km

### シーズンカレンダー

登山適期 ■花 ■新緑 ■紅葉 ■積雪

| 1月 | 2月 | 3月 | 4月 | 5月 | 6月 | 7月 | 8月 | 9月 | 10月 | 11月 | 12月 |
| --- | --- | --- | --- | --- | --- | --- | --- | --- | --- | --- | --- |
| | | | ← | | | 登山適期 | | | | → | |

イワカガミ・シャクナゲ
新緑
紅葉
積雪

 コース MEMO　コクイ谷など複雑な谷が入り込んでいる谷筋では道迷いにより日没を迎え下山できなくなる遭難事故が多発。道標や踏み跡を確認しながら歩きたい。また、源流部は増水時に道が荒れるので注意したい。

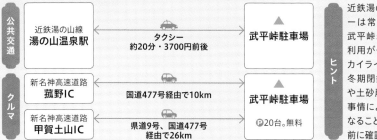

| | | | |
|---|---|---|---|
| 公共交通 | 近鉄湯の山線<br>**湯の山温泉駅** | タクシー<br>約20分・3700円前後 | ▲<br>**武平峠駐車場** |
| クルマ | 新名神高速道路<br>**菰野IC** | 国道477号経由で10km | ▲<br>**武平峠駐車場** |
| | 新名神高速道路<br>**甲賀土山IC** | 県道9号、国道477号<br>経由で26km | **P**20台。無料 |

**ヒント** 近鉄湯の山駅にタクシーは常駐しているが、武平峠まではマイカー利用が一般的。鈴鹿スカイライン（12月～3月冬期閉鎖）は豪雨災害や土砂崩れなどの道路事情により通行止めになることがあるので、事前に確認すること。

**プロフィール** 雨乞岳は御池岳（おいけだけ）に次ぐ鈴鹿第2の高峰で、鈴鹿セブンマウンテンの中では最高峰。滋賀県に属し、御在所岳と鎌ヶ岳の西に位置する目立たぬ存在だが、山頂一帯には広大なササ原が広がり、鈴鹿の山々を一望できる大展望が魅力だ。ここでは、武平峠から鈴鹿西側の源流部を行く一般的なコースを紹介しよう。

▲ **アップダウンしながら谷を登り**
**ブナ林が美しい稜線に出る**

懐の深い雨乞岳は、どのルートを選んでも山頂まで標高差のある長い道のりだ。武平峠からクラ谷を詰めるルートも長い谷歩きとなる。進路に迷いやすい箇所やガレ場もあり、想定より時間を要することも考えられるため、十分な装

遮るもののない東雨乞岳の頂上。強風が吹くこともある

備と行程には余裕を持って臨みたい。

鈴鹿スカイラインの**❶武平峠駐車場**から車道を滋賀県側に進むと右手に登山口があり、登山ポストもある。登山道に入ると、薄暗い植林帯の道を緩やかに登り始める。踏み跡が多く進路に迷いやすい場所もあるので、目印の赤テープを見逃さないように。通過ポイント②の標識を過ぎて、山腹道をアップダウンしながら小さな谷をいくつか越えて行く。しだいに自然林が多くなると、目印のない沢谷峠（さわたにとうげ）を通過し、谷を下って愛知川（えちがわ）源流部に入れば通過ポイント④の標識がある**❷クラ谷分岐（たにぶんき）**に出る。

クラ谷分岐から左に荒れた沢を登り、右に尾根を乗り越すとクラ谷に出る。途中、道が崩壊した場所もあるが、ロープが張られているので慎重に進もう。クラ谷は雑木林の美しい明るい

クラ谷の渓流に沿って樹林の中を登って行く

←雨乞岳本峰から東雨乞岳へ続く雄大な稜線の眺め
↑七人山のコルの先から少し登ると七人山が眺められる
→七人山のコル周辺の美しいブナ林

谷で、新緑や紅葉の頃は特に美しい。この先もしばらくクラ谷の渓流に沿って緩やかに登って行く。二俣に分かれた谷を通過し、なおも渓流沿いを登り、源流に近づくとブナが目立つようになる。最後に右の尾根を登り詰めると、雑木林の中に通過ポイント⑦の標識の立つ❸七人山のコルに出る。時間に余裕があればブナ林が美しい七人山に立ち寄ってもよい。コルから10分程度で往復できる。

 **ササ原の稜線を登り詰め大パノラマの頂に立つ**

コルから左に雑木林の明るい尾根を緩やかに登って行く。すぐに視界が開け、振り返れば丸い七人山が、その右奥には鎌ヶ岳の鋭峰が姿を現す。通過ポイント⑧の標識を過ぎると、背丈ほどのクマザサが茂る登山道が続く。ササが低くなり、眺望が開けてくると、広場状になった❹東雨乞岳の頂上に出る。360度のパノラマが広がる鈴鹿の大展望台は、南に御在所岳と鎌ヶ岳が大きく望め、目指す雨乞岳の雄大な姿も間近に見える。雨乞岳本峰よりも眺望がよいので、雨乞岳を往復してからゆっくりと休憩をとるのもいいだろう。ただし、遮るものがなく風が強い日が多いため、防寒着は必携だ。

**立ち寄りスポット**

## 大河原温泉かもしか荘
おおがわらおんせんかもしかそう

平成に入ってから開湯した新しい温泉で露天風呂が楽しめる。武平峠から国道477号を西に12km下った鈴鹿スカイライン入口近くにあり、滋賀県方面への帰りに立ち寄るのに便利だ。宿泊混雑時は入浴できないので事前に要確認。☎0748-69-0344。入浴料500円。11～20時（土曜・休前日は～17時）。

雨乞岳と東雨乞岳の鞍部から紅葉に染まる稲ヶ谷と鎌ヶ岳の眺め

武平峠～雨乞岳
ここは④番です

要所に通過ポイントの標識が立てられている

東雨乞岳から雨乞岳本峰に向かい、広々としたササ尾根を行く。左に滋賀県側から登る稲ヶ谷コースを合わせ、ササ原の稜線を登り返すと❺雨乞岳の頂上に着く。山頂は狭いが、西に綿向山や近江平野、琵琶湖を一望できる。登ってきた東雨乞岳へ続く雄大な稜線も一望できる。下山は往路を戻ろう。　　　　（取材／坂上和芳）

立ち寄りスポット

## 1200年の歴史を持つ湯の山温泉

御在所岳の東麓に位置する湯の山温泉は奈良時代に発見されたと伝わる古湯。大小の花崗岩が連なる三滝川の両岸に宿が立ち並び、日帰り入浴のできる施設も多い。「グリーンホテル」(☎059-392-3111。入浴料700円)、「希望荘」(☎059-392-3181。入浴料600円)、「国民宿舎湯の山ロッジ」(☎059-392-3155。入浴料500円) など。

| ❶武平峠駐車場 | → 1:10 | ❷クラ谷分岐 | → 1:00 | ❸七人山のコル | → 0:30 | ❹東雨乞岳 | → 0:20 | ❺雨乞岳 | → 0:15 | ❹東雨乞岳 | → 0:20 | ❸七人山のコル | → 0:40 | ❷クラ谷分岐 | → 1:00 | ❶武平峠駐車場 |

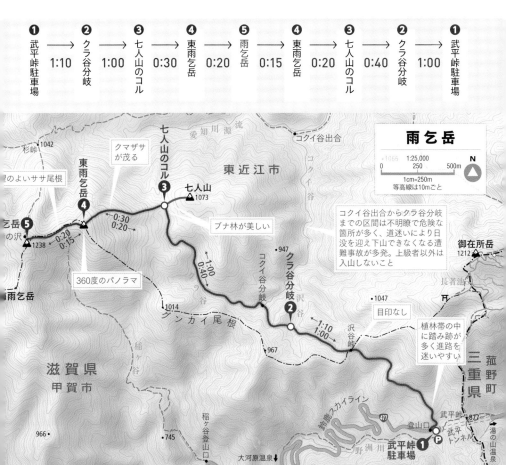

雨乞岳
1:25,000
0　　250　　500m
1cm=250m
等高線は10mごと
N

コクイ谷出合からクラ谷分岐までの区間は不明瞭で危険な箇所が多く、道迷いにより日没を迎え下山できなくなる遭難事故が多発。上級者以外は入山しないこと

クマザサが茂る
道のよいササ尾根
東雨乞岳
七人山のコル
七人山 1073
愛知川源流
東近江市
ブナ林が美しい
360度のパノラマ
コクイ谷分岐
クラ谷分岐
御在所岳 1212
目印なし
植林帯の中に踏み跡が多く進路を迷いやすい
滋賀県
甲賀市
三重県
菰野町
稲ヶ谷
グンカイ尾根
沢谷峠
鈴鹿スカイライン
武平峠駐車場
武平トンネル
湯の山温泉
大河原温泉
稲ヶ谷登山口
登山口

# マイカー活用術

本書では、マイカーでのアクセスが効率的な山々も多く紹介している。奥三河や岐阜・福井県境の山々などがそうだ。マイカーの場合、時間の自由度やアプローチの短縮、コンビニや温泉への立ち寄りが手軽などといったメリットがある反面、事故や渋滞、運転の疲労などのデメリットも少なくない。マイカーを有効活用するためのノウハウを紹介しよう。

車を停めてさあ出発

## 1 出発前にチェックすること

　車のメンテナンスフリー化が進み、走行前にあちこちチェックする人は少なくなった。とはいえ以下の3点はチェックしておくべきだ。

❶**フロントガラス洗浄液のリザーバタンク**：洗浄液がないと、前の車がはね上げた汚れを除去できない。

❷**ワイパー**：きちんとウインドウの濡れが拭えるかを確認しておこう。ワイパーの拭いが悪いと前方視界が十分に確保できない状況に陥り、たいへん危険だ。

❸**バッテリー**：エンジンのかかりが悪いときはバッテリーの劣化が考えられる。バッテリーの劣化や寿命は車の使用状況で大きく変わるが、遠出の前には専門店などで劣化をチェックしておいたほうがいい。

　なお、山間部にはガソリンスタンドが少なく、平日か休日のどちらかは休業というケースも少なくない。サービスエリアや市街地で満タンにしておきたい。

## 2 情報収集を怠りなく

　登山計画を狂わせてしまうのが渋滞。高速道路の場合、道路を管理するNEXCO東日本・中日本・西日本3社のホームページには毎日の渋滞予測情報が掲載されているので参考にするといい。一般道の場合、朝の通勤時間帯には都市近郊の通過を避けたほうが無難だ。

　一方で、山間の地方道や林道に関する情報は役所から収集しよう。特に林道は通行止めもしばしば発生するので、事前の情報収集を怠りなく。また、渋滞や通行止めが発生したときのために、サブプランをぜひ準備しておこう。

　お盆や春の大型連休など大混雑が予想されるときは、前夜のうちに出発し、車中かキャンプ場を予約してテントで寝るほうがいい。朝5時の出発では間違いなく渋滞に巻き込まれる。

渋滞は時間のロスを招き、計画変更を余儀なくさせる

## 3 上手な駐車のしかた

　車を停める場所がないと山は歩けない。本書で紹介した駐車場または駐車スペースが満車の場合のことも考え、まずはサブの駐車スペース

を調べておきたい。

山中の人気のない駐車場や駐車スペースでは注意すべきこともたくさんある。まずは、落石の危険のない場所に停めること。そして、車内の見える場所にウエストバッグ、カメラバッグなど貴重品が入っていると思われそうなものを置かないこと。盗難を誘発する。

ドアロックやライトの消し忘れの確認も大切だ。夜間や早朝に走ってきたときはライト類の消し忘れが多い。スモールライトの消し忘れでも、長時間駐車ではバッテリーが上がってしまう恐れがある。また、夏なら太陽光を遮るサンシェードもあると便利だ。

駐車場では、ライトの消し忘れや盗難に注意する

大雨や台風の直後は林道を走らない

大雨や台風の直後の林道や山間部の狭い道路は、土砂崩れや倒木で通行止めになっていると思ったほうがいい。役所から情報収集することも大切だが、まずは1週間程度の山行の先延ばしを検討するべきだろう。

併せて、林道走行の注意点について、いくつかポイントを挙げておこう。

❶夜間や雨天時はできるだけ走らない。

❷道路に真新しい石や角の尖った石が落ちてい

るときは落石の危険がある。車を停めたりせずに、崖側の窓を閉め、すみやかに通過するようにしたい。

❸道路に落ちている石は踏まない。尖った石でパンクする可能性がある。

❹林道では、多くの沢が道路の間近を横切っている。雷雨などが予想されるときは増水で帰れなくなる可能性もあるので、別の山に行くなどの対応策を。

このように沢が横切る林道は大雨の際に通過不能となる

車に積んでおくと便利なもの

着替えや温泉セットだけでなく、荷室にぜひ積んでおきたいものもある。ブースターケーブルはバッテリー上がり時に他車から電気を供給してもらうための緊急用具。ケーブルが太いほうが安全性と始動性が高いのでおすすめ。軍手も必携。水の入ったポリタンクもあると便利だ。大汗をかいたときはタオルを濡らして汗拭きに使えるだけでなく、フロントガラス洗浄液の代わりにも使える。汚れた登山靴を収納するビニール袋や新聞紙も必需品。

なお、車が故障したときはJAF（日本自動車連盟）などに救援を依頼することになるが、JAFの場合は「♯8139（しゃーぷ はいさんきゅー）」で最寄りのコールセンターにつながる。

# 山歩きのマナー

山には山ならではのマナーが存在する。すれ違う際の「こんにちは」という挨拶はよく知られるところだ。
山でのマナーは自然を傷つけない、他人に迷惑をかけないといった当たり前のことの延長でもある。そうした
ことも含め、登山者・ハイカーが楽しく気分よく歩くためのマナーを紹介しよう。

## やっぱり山では気持ちよく挨拶したい

これだけの集団だと挨拶もたいへんだけど…

　山での挨拶をうっとうしいと言う人もいるが、人それぞれなのでこればかりは仕方ない。ただ、笑顔で元気に挨拶すると気分がいいのもまた事実だ。

　たしかに、100人を超える集団登山の子どもたちと挨拶するのは疲れるときもあるが、子どもたちだって先生の言いつけを守って一所懸命挨拶しているわけで、ここは無視せずに頑張ってほしいと思う。逆に、自身が団体登山の一員であるときは、すれ違う登山者に対して黙礼だけですます配慮があってもいいかもしれない。臨機応変にいきたいものだ。

　とはいえ、ひと声交わすことで疲れが和らぐこともあるし、また、挨拶することはお互いを認識することにもなり、遭難などが発生した際も「あのときの人」ということで救助活動に役立つかもしれないのだ。

## 登り優先は臨機応変に

　登山道での登り優先は、息を切らせて登ってくる人のペースを乱さないため、あるいは下山者を優先すると急いで下らせて転倒などを引き起こす可能性が高い、などさまざまな理由があるが、これはあくまでも状況次第。不安定な場所で下山者を待たせてしまうようなら先に下ってもらったほうがいいし、たとえば登る側が集団登山で下山者が1人、2人といったようなすれ違いでは、下山者に先に通過してもらうのがマナーだ。そんなとき、登る側が無言で急かすのではなく、「ゆっくりどうぞ」と声をかけてあげるのも大切なことだろう。

登山道でのすれ違いは臨機応変に

## 頂上や休憩所では譲り合って

　連休や週末の混雑時は、どこもかしこも人でいっぱい。テーブルやベンチは真っ先に占有さ

れる。これは狭い頂上でも同じことで、登山者が下からどんどん上がってくる状況では、適度に切り上げて場所を譲る気持ちを持ちたい。頂上のテーブルなどはコンロ使用禁止の場合も多いので、その点も十分に留意しよう。

混雑する休憩場所では適宜切り上げて出発

## 自然を汚さない、傷つけない

ゴミを持ち帰るのは当然のことだが、困るのは排泄物だ。山という大自然のなかでは、都合よくトイレがあるわけもない。厳密にいえば、排泄物が環境破壊の一因になってしまうことは間違いないと思うが、我慢し続けろというのもまた酷ではある。

そんなわけで高山だろうと低山だろうと携帯トイレを持参し、そのまま持ち帰るのを原則としたい。軽いものでもあるので、レインウエア

さまざまな簡易トイレ

などと同様、登山での必携装備にしよう。

傷つけないということでは、登山道を外れての踏み荒らしはもちろんのこと、ストックの使い方にも気をつけたい。ストックを持って狭い登山道を歩く際は先端にラバーキャップを付け、左右の草地を突かないよう意識することで、裸地化によって登山道が不必要に広がることを防ぐことができる。ラバーキャップには木道や木段を傷つけないメリットもある。

## 山での騒音について

奥三河の山を歩いているとき、遠くから突然、アイドル歌手の歌が聞こえてきてびっくりした。学校登山で先生の持つラジカセから鳴っていたものだが、「熊除け」だそうだ。山中でのこうした音楽やラジオに反感を示す人も多いが、熊注意の看板をあちこちに見かける昨今では、そうも言っていられない。山によっては熊除け鈴やホイッスルを用意しておくといいだろう。ザックの胸部ベルトのバックルがホイッスルになっているものあるので、自分のザックを確認してみてほしい。

## 駐車場では間隔を詰めて

連休や週末の登山口の駐車場は車がぎっしり。横の車との間隔が微妙に広い状況を目にするたび、もう少し間隔を詰めてくれればもう1～2台は停められるのにと、恨み節のひとつも口にしたくなる。無理やりにとは言わないが、1台1台のちょっとした配慮で、滑り込みセーフの車が何台か出るのもまた事実だろう。

# 山名索引 INDEX

[五十音順]

※山名に続く数字は、コースナンバー、掲載ページの順になります。

## あ 行

| 赤目四十八滝<br>あかめしじゅうはちたき | 39 | P142 |
|---|---|---|
| 愛宕山（八木三山）<br>あたごやま | 20 | P80 |
| 雨乞岳<br>あまごいだけ | 50 | P180 |
| 伊吹山<br>いぶきやま | 47 | P168 |
| 葦毛湿原<br>いもうしつげん | 14 | P66 |
| 岩古谷山<br>いわこややま | 9 | P46 |
| 岩巣山<br>いわすやま | 19 | P78 |
| 宇連山<br>うれやま | 11 | P54 |
| 恵那山<br>えなさん | 26 | P104 |
| 御池岳<br>おいけだけ | 49 | P176 |
| 大川入山<br>おおかわいりやま | 46 | P164 |
| 大谷山（春日井三山）<br>おおたにやま | 3 | P22 |
| 大洞山<br>おおぼらやま | 41 | P146 |
| 大山<br>おおやま | 15 | P70 |
| 尾張三山<br>おわりさんざん | 1 | P14 |

## か 行

| 各務原アルプス<br>かかみがはらあるぷす | 27 | P108 |
|---|---|---|
| 鎌ヶ岳<br>かまがたけ | 36 | P130 |
| 冠山<br>かんむりやま | 22 | P88 |
| 黍生山<br>きびゅうさん | 5 | P30 |
| 金華山<br>きんかざん | 28 | P108 |
| 倶留尊山<br>くろそやま | 40 | P146 |
| 五井山<br>ごいさん | 13 | P62 |
| 高賀山<br>こうがさん | 24 | P96 |
| 御在所岳<br>ございしょだけ | 35 | P126 |
| 湖西連峰<br>こさいれんぽう | 44 | P156 |

## さ 行

| 猿投山<br>さなげやま | 4 | P26 |
|---|---|---|
| 三周ヶ岳<br>さんしゅうがたけ | 21 | P84 |
| 釈迦ヶ岳<br>しゃかがたけ | 34 | P122 |
| 白草山<br>しらくさやま | 25 | P100 |
| 仙ヶ岳<br>せんがたけ | 38 | P138 |
| 曽良山<br>そらやま | 30 | P108 |

伊吹山のシモツケソウ

山麓からの春日井三山

白草山の頂上標柱

## た 行

| 多度山<br>たどやま | 31 | P110 |
|---|---|---|
| 茶臼山<br>ちゃうすやま | 6 | P34 |
| 継鹿尾山<br>つがおさん | 2 | P18 |
| 天狗棚<br>てんぐだな | 7 | P38 |
| 道樹山（春日井三山）<br>どうずさん | 3 | P22 |
| 豊橋自然歩道<br>とよはししぜんほどう | 14 | P66 |

## な 行

| 南木曽岳<br>なぎそだけ | 45 | P160 |
|---|---|---|
| 日本ヶ塚山<br>にほんがつかやま | 8 | P42 |
| 入道ヶ岳<br>にゅうどうがたけ | 37 | P134 |
| 能郷白山<br>のうごうはくさん | 23 | P92 |

## は 行

| 萩太郎山<br>はぎたろうやま | 6 | P34 |
|---|---|---|
| 八曽山<br>はっそさん | 17 | P78 |
| 鳩吹山<br>はとぶきやま | 2 | P18 |
| 浜石岳<br>はまいしだけ | 42 | P148 |
| 富士ヶ峰<br>ふじがみね | 16 | P74 |
| 藤原岳<br>ふじわらだけ | 32 | P114 |
| 双子山（八木三山）<br>ふたごやま | 20 | P80 |
| 鳳来寺山<br>ほうらいじさん | 12 | P58 |
| 本宮山<br>ほんぐうさん | 18 | P78 |

能郷白山の登山道

三ッ瀬明神山の岩場

霊仙山を登る

## ま 行

| 三ッ瀬明神山<br>みつせみょうじんやま | 10 | P50 |
|---|---|---|
| 宮路山<br>みやじさん | 13 | P62 |
| 弥勒山（春日井三山）<br>みろくさん | 3 | P22 |

## や 行

| 八木山（八木三山）<br>やぎやま | 20 | P80 |
|---|---|---|
| 養老山<br>ようろうさん | 29 | P108 |

## ら 行

| 竜ヶ岳<br>りゅうがたけ | 33 | P118 |
|---|---|---|
| 竜爪山<br>りゅうそうざん | 43 | P152 |
| 霊仙山<br>りょうぜんざん | 48 | P172 |

# 装備チェックリスト

本書で紹介したコースはいずれも日帰りで、一部をのぞいて標高の低い山ばかり。とはいえ、標高300mでも何が起こるかわからない。安全に歩くための必須装備、緊急時の対応装備はどんな低山でも必要だ。山歩き前のチェックは忘れずに。

| | 春秋 | 夏 | 冬 | | 春秋 | 夏 | 冬 |
|---|---|---|---|---|---|---|---|
| **■ ウエア** | | | | **■ 登山装備** | | | |
| □ パンツ（ズボン） | ◎ | ◎ | ◎ | □ 登山靴 | ◎ | ◎ | ◎ |
| □ 速乾性下着 | ◎ | ◎ | ◎ | □ 靴ひも予備 | ○ | ○ | ○ |
| □ 長袖シャツ | ◎ | ◎ | ◎ | □ スパッツ | △ | △ | △ |
| □ 防寒着（フリースなど） | ◎ | △ | ◎ | □ ストック | ○ | ○ | ○ |
| □ 替え下着・替え靴下 | ○ | ○ | ○ | □ 軽アイゼン | △ | × | △ |
| □ アンダータイツ | △ | × | ◎ | □ ザック | ◎ | ◎ | ◎ |
| □ 高機能タイツ | △ | △ | △ | □ ザックカバー | ◎ | ◎ | ◎ |
| □ 帽子（日よけ用） | ◎ | ◎ | ○ | □ 折りたたみ傘 | △ | △ | △ |
| □ 帽子（保温用） | ○ | × | ◎ | □ レインウエア | ◎ | ◎ | ◎ |
| □ 手袋 | ◎ | ○ | ◎ | □ 水筒 | ◎ | ◎ | ◎ |
| □ バンダナ・手ぬぐい | ◎ | ◎ | ◎ | □ 携帯ポット | ○ | ○ | ○ |
| □ ネックウォーマー | ○ | × | ◎ | □ ヘッドランプ（予備電池も） | ◎ | ◎ | ◎ |
| □ ウインドブレーカー | ○ | ○ | ◎ | □ ナイフ | △ | △ | △ |
| | | | | □ カップ | ○ | ○ | ○ |
| **■ 緊急時対応品** | | | | □ コンパス | ◎ | ◎ | ◎ |
| □ ファーストエイドキット | ◎ | ◎ | ◎ | □ 地図・地形図 | ◎ | ◎ | ◎ |
| □ レスキューシート | ◎ | ◎ | ◎ | □ コースガイドのコピー | ◎ | ◎ | ◎ |
| □ ラジオ | △ | △ | △ | □ 時計 | ◎ | ◎ | ◎ |
| □ 携帯電話 | ◎ | ◎ | ◎ | □ 高度計・GPS | ○ | ○ | ○ |
| □ 非常食 | ◎ | ◎ | ◎ | □ カメラ | △ | △ | △ |
| □ 健康保険証のコピー | ◎ | ◎ | ◎ | □ サングラス | △ | △ | △ |
| □ 超軽量ツエルト | ○ | ○ | ○ | □ 手帳・ペン | ◎ | ◎ | ◎ |
| □ 細引き・ロープ | △ | △ | △ | □ ライター・マッチ | ◎ | ◎ | ◎ |
| □ ホイッスル | ○ | ○ | ○ | □ ビニール袋（ジップロック） | ○ | ○ | ○ |
| □ 虫除け | △ | ○ | × | □ 新聞紙 | ○ | ○ | ○ |
| □ ポイズンリムーバー | ○ | ○ | ○ | □ ビニールシート・マット | ○ | ○ | ○ |
| □ クマよけ鈴 | △ | △ | △ | □ ヘルメット | △ | △ | △ |
| □ ヤマビル忌避剤 | △ | △ | × | | | | |
| | | | | □ トイレットペーパー | ○ | ○ | ○ |
| **■ 生活用具** | | | | □ 携帯トイレ | ◎ | ◎ | ◎ |
| □ タオル | ○ | ○ | ○ | □ コッヘル | △ | △ | △ |
| □ 洗面用具 | △ | △ | △ | □ コンロ（ガスバーナー） | △ | △ | △ |
| □ 常備薬 | △ | △ | △ | □ コンロ用燃料 | △ | △ | △ |
| □ 日焼け止め | ○ | ◎ | △ | □ 昼食 | ◎ | ◎ | ◎ |
| □ ティッシュペーパー | ○ | ○ | ○ | □ 行動食・おやつ | ◎ | ◎ | ◎ |
| □ ウェットティッシュ | ○ | ○ | ○ | | | | |

◎は必携、○はあると便利、△はコースや個人差によって必要、×は不要。

# 登山計画書

御中 　　　　　　　　　　　年　　　月　　　日

| 代表者名<br>（団体名） | | 住所 | | |
| --- | --- | --- | --- | --- |
| | | 連絡先 | | |
| 目的の山 | | | | |
| 現地連絡先 | | | | |

| 氏名 | 性別 | 生年月日 | 住所 | 緊急連絡先 |
| --- | --- | --- | --- | --- |
| | | | | |
| | | | | |
| | | | | |
| | | | | |
| | | | | |
| | | | | |
| | | | | |
| | | | | |
| | | | | |

| 月・日 | 予定コース |
| --- | --- |
| | |
| | |
| | |
| | |
| | |
| | |
| | |

| 想定するエスケープルート、サブプランなど |
| --- |
| |

| メモ |
| --- |
| |

※このページをコピーしてお使いください

# 日帰り山あるき 東海

**2020年 7 月15日　初版印刷**
**2020年 8 月 1 日　初版発行**

| | |
|---|---|
| 編集人 | 平野陽子 |
| 発行人 | 今井敏行 |
| 発行所 | JTBパブリッシング |
| | 〒162-8446　東京都新宿区払方町25-5 |

| | |
|---|---|
| 企画・編集 | 時刻情報・MD事業部 |
| 編集・制作 | 森田秀巳、秋田範子 |
| 取材・文・写真 | 岡田敏昭、川本桂子、古林鉄平、 |
| | 坂上和芳、島田靖、松倉一夫、 |
| | 森田秀巳 |
| 写真協力 | 岡田敏昭、田中由香里、フォトライブラリー、 |
| | 関係自治体・観光協会・諸施設 |
| 表紙写真 | 川本桂子、古林鉄平、松倉一夫、 |
| | 森田秀巳、フォトライブラリー |
| 表紙・デザイン | 淺野有子 |
| | (トッパングラフィックコミュニケーションズ) |
| 地図製作 | 千秋社 |
| 組版 | ローヤル企画 |
| 印刷 | 凸版印刷 |

本書の内容についてのお問合せ　☎03-6888-7846
図書のご注文　☎03-6888-7893
乱丁・落丁はお取替えいたします。

インターネットアドレス
おでかけ情報満載　https://rurubu.jp/andmore

## 大人の遠足 BOOK

◎各コースの標高差とコース距離の算出、および高低図の作成にあたっては、DAN杉本さん制作のソフト『カシミール3D』を利用させていただきました。

◎本書の取材・執筆にあたり、ご協力いただきました関係各位に、厚くお礼申し上げます。

◎本書の掲載データは2020年4月現在のものです。料金はすべて大人料金です。定休日は、年末年始、盆休み、ゴールデンウィークは省略しています。

◎本誌掲載の料金は、原則として取材時点での税率をもとにした消費税込みの料金です。ただし各種料金や税率は変更されることがありますので、ご利用の際はご注意ください。

◎宿泊料金は原則として取材時点での税率をもとにした消費税、サービス料込みで掲載しています。別途諸税がかかることがあります。

◎記載の交通の運賃・料金・割引きっぷ等の金額や時刻は変更されていることがありますので、ご利用の際はご注意ください。

◎各種データを含めた掲載内容の正確性には万全を期しておりますが、登山道の状況や施設の営業などは、気象状況などの影響で大きく変動する事があります。安全のために、お出かけ前には必ず電話等で事前に確認・予約する事をお勧めします。山では無理をせず、自己責任において行動されるようお願いいたします。事故や遭難など、弊社では一切の責任は負いかねますので、ご了承下さい。

◎山で見られる花を含めた動植物は、法令により採取が禁じられています。絶対に取らないようにしてください、また観察や写真撮影の際にも、自然環境を傷つけないよう、十分配慮してください。

JTBパブリッシング
https://jtbpublishing.co.jp/